HELVETTI

Jossa [Helvetissä] heidän matonsa ei kuole eikä tuli sammu.
Sillä jokainen ihminen on tulella suolattava,
ja jokainen uhri on suolalla suolattava
(Markus 9:48-49)

HELVETTI

Dr. Jaerock Lee

 URIM BOOKS

HELVETTI
Englanninkielinen alkuteos
HELL by Dr. Jaerock Lee

Julkaisija Urim Books (Edustaja: Seongnam Vin)
235-3, Guro-dong 3, Guro-gu, Seoul, Korea
www.urimbooks.com

Kaikki oikeudet pidätetään. Tätä kirjaa tai mitään sen osaa ei saa
kopioida missään muodossa, ilman kustantajan kirjallista lupaa.

Copyright © 2010 by Dr. Jaerock Lee
ISBN: 978-89-7557-388-0 (03230)
Suomenkielisen laitoksen Copyright © 2010 by Dr. Esther K Chung.
Käytetty luvalla.
Julkaistu aikaisemmin koreaksi 2002, Urim Books, Seoul, Korea

Ensimmäinen painos kesä/heinäkuu 2010

Toimittanut: Geumsun Vin
Kääntäjä: Petri Suila
Suunnittelu: Editorial Bureau of Urim Books
Painaja: Yewon Printing Company
Lisätietoja varten ota yhteyttä: urimbook@hotmail.com

Esipuhe

Toivoen, että tämä kirja toimii elämän leipänä, joka johdattaa lukemattomia ihmisiä kauniiseen taivaaseen sallimalla heidän ymmärtää rakkauden Jumalaa, joka tahtoo kaikkien ihmisten vastaanottavan pelastuksen.

Nykyään monet ihmiset reagoivat negatiivisesti kuullessaan taivaasta ja helvetistä, sanoen: "Kuinka minä voin uskoa sellaisiin asioihin tänä teknologisena aikakautena?", "Oletko sinä koskaan käynyt taivaassa tai helvetissä?" tai "Näistä asioista voi oppia vasta sitten kun sinä olet kuollut."

Sinun täytyy tietää etukäteen että kuoleman jälkeen on elämää. Silloin kun sinä vedät viimeisen henkäyksesi on jo liian myöhäistä. Vedettyäsi viimeisen henkäyksesi sinä et saa enää koskaan toista tilaisuutta elää tätä elämää. Sinua odottaa ainoastaan Jumalan tuomio, jonka kautta sinä korjaat mitä olet kylvänyt.

Raamatun kautta Jumala on paljastanut meille tien pelastukseen, taivaan ja helvetin olemassaolon, sekä Jumalan sanan mukaisesti tapahtuvan Tuomion. Hän näytti lukuisia ihmeellisiä töitänsä useiden Vanhan testamentin profeettojen ja

Jeesuksen kautta. Tänäkin päivänä Jumala näyttää meille uskollisten palvelijoidensa kautta että Hän on elossa ja että Raamattu on totta. Runsaista Hänen teoistaan kertovista todisteista huolimatta maailmassa on kuitenkin useita ihmisiä jotka eivät ole uskossa. Joten Jumala on näyttänyt Hänen lapsilleen taivaan ja helvetin, ja Hän rohkaisee heitä todistamaan ympäri maailmaa siitä, mitä he ovat nähneet.

Rakkauden Jumala paljasti myös minulle yksityiskohtia taivaasta ja helvetistä, ja Hän rohkaisi minua julistamaan sanomaa ympäri maailmaa, sillä Jeesuksen Toinen tuleminen on erittäin lähellä.

Toimittaessani sanomaa helvettiin kuuluvan Alemman haudan kurjista ja vastenmielisistä näyistä, minä näin kuinka seurakuntani vapisi hädissään ja purskahti kyyneliin näihin Alemman haudan kauheisiin ja julmiin rangaistuksiin langenneiden sielujen puolesta.

Pelastumatta jääneet sielut pysyvät Alemmassa haudassa

kunnes Valkean valtaistuimen Suuren tuomion hetki koittaa. Tuomion jälkeen pelastumatta jääneet sielut lankeavat joko tuliseen järveen tai palavan tulikiven järveen. Rangaistukset näissä järvissä ovat paljon Alemman haudan rangaistuksia vakavampia.

Minä olen kirjoittanut mitä Jumala on minulle Pyhän Hengen työn kautta paljastanut Raamattuun kirjatusta Jumalan sanasta. Tätä kirjaa voidaan kutsua Isä Jumalan vilpittömän rakkauden sanomaksi. Hän tahtoo pelastaa mahdollisimman monta ihmistä synnistä antamalla heidän oppia etukäteen helvetin loputtomasta kurjuudesta.

Jumala antoi Hänen oman Poikansa kuolemaan ristille pelastaakseen ihmiskunnan. Hän ei tahdo yhdenkään sielun lankeavan helvetin kurjuuteen. Jumala pitää yhtä ainoaa sielua koko maailmankaikkeutta arvokkaampana, ja siten Hän on erittäin iloinen ja tyytyväinen kun ihminen pelastuu uskonsa kautta, ja Hän juhlistaa tätä taivaallisten isäntien ja enkeleiden kanssa.

Minä anna kaiken kunnian ja kiitoksen Jumalalle, joka on johdattanut minut julkaisemaan tämän kirjan. Minä toivon, että sinä tulet ymmärtämään Jumalan sydäntä joka ei tahdo yhdenkään sielun joutuvan helvettiin, ja että sinä saisit omata todellista uskoa. Lisäksi minä rohkaisen sinua julistamaan evankeliumia väsymättä kaikille helvettiä kohti kiiruhtaville sieluille.

Minä kiitän myös Urim Books-kustantamoa ja kaikkia sen työntekijöitä sekä Geumsun Viniä, käännöstoimiston johtajaa. Minä toivon, että kaikki lukijat ymmärtäisivät että kuoleman ja Tuomion jälkeen meitä todellakin odottaa ikuinen elämä, ja että he saisivat ottaa vastaan täydellisen pelastuksen.

Jaerock Lee

Alkusanat

Rukoillen, että lukemattomat sielut ymmärtäisivät helvetin kurjuuden sekä katuisivat ja palaisivat kuoleman tieltä ja pelastuisivat...

Pyhä Henki innoitti pastori Jaerock Leetä, Manminin Jooang-ang –kirkon vanhempaa pastoria oppimaan kuolemanjälkeisestä elämästä sekä helvetin kurjuudesta. Me olemme koonneet hänen sanomansa ja tänään me julkaisemme Helvetin, jotta lukemattomat ihmiset voisivat tuntea helvetin selvästi ja tarkasti.

Monet ihmiset ovat nykyään uteliaita kuolemanjälkeisestä elämästä, mutta me emme pysty löytämään vastauksia rajoittuneilla käsityskyvyillämme. Tämä kirja on elävä ja kattava kuvaus meille osittain Raamatussa paljastetusta helvetistä. Helvetti koostuu yhdeksästä luvusta.

Luku 1 "Ovatko Taivas ja Helvetti Todella Olemassa?" kuvaa helvetin ja taivaan yleisrakenteen. Luukaksen 16. luvussa olevan rikkaasta miehestä ja Lasarus-kerjäläisestä kertovan vertauskuvan avulla tämä luku selittää Ylemmän haudan – jossa pelastet sielut ovat odottaneet vanhan testamentin ajoista lähtien – sekä Alemman haudan – jossa pelastumatta jääneitä sieluja piinataan

Suureen tuomioon saakka.

Luku 2 "Tie Pelastukseen Niille Jotka Eivät Ole Koskaan Kuulleet Evankeliumia" kertoo omantunnon tuomiosta. Useissa tapauksissa luku myös puhuu tarkoista kriteereistä jotka koskevat esim. aborttien tai keskenmenojen sikiöitä, lapsia vastasyntyneistä viisivuotiaisiin saakka, sekä lapsia aina kuusivuotiasta varhaisnuoriin saakka.

Luku 3 "Alempi Hauta ja Helvetin Sanansaattajien Henkilöllisyys" keskittyy Alemman haudan odotuspaikkaan. Kuoleman jälkeen ihmiset odottavat Alemmassa haudassa kolmen päivän ajan ennenkuin heidät lähetetään Alemman haudan eri osiin heidän syntiensä vakavuuden mukaan. Täällä heitä piinataan julmasti Valkean valtaistuimen Tuomioon saakka. Luku myös selittää Alempaa hautaa johtavien pahojen henkien henkilöllisyyden.

Luku 4 "Pelastumatta Jääneiden Lasten Rankaiseminen Alemmassa Haudassa" todistaa, kuinka jopa lapset jotka eivät ole vielä tarpeeksi kypsiä erottamaan oikeaa väärästä voivat jäädä pelastumatta. Erilaiset lapsiin kohdistuvat rangaistukset jaotellaan eri ikäryhmien mukaan: sikiöiden ja imeväisten rangaistukset, 3-5-vuotiaiden lasten rangaistukset, sekä 6-12-vuotiaiden lasten rangaistukset.

Luku 5 "Rangaistukset Ihmisille Jotka Kuolevat Murrosiän Jälkeen" selittää rangaistukset jotka kohdistuvat varhaisnuoria vanhempiin ihmisiin. Noin 13-vuotiaita vanhempien ihmisten rangaistukset jaetaan neljään eri tasoon heidän syntiensä vakavuuden mukaan. Mitä vakavampia heidän syntinsä ovat, sitä suuremmat heidän rangaistuksensa tulevat olemaan.

Luku 6 "Rangaistukset Pyhän Hengen Pilkkaamisesta" muistuttaa lukijoita siitä, että Raamatun mukaan on olemassa tiettyjä anteeksiantamattomia syntejä joita ei voida katua. Luku kuvaa myös erilaisia rangaistuksia yksityiskohtaisten esimerkkien kautta.

Luku 7 "Pelastus Suuren Ahdistuksen Aikana" varoittaa, että me elämme lopun ajoissa ja että Herran paluun aika on lähellä. Tämä luku kertoo yksityiskohtaisesti mitä Kristuksen paluun aikana tapahtuu ja kuinka Ahdistuksen aikana ihmiset voivat pelastua ainoastaan marttyyriuden kautta. Se myös kehottaa meitä valmistamaan itsemme kauniin morsiamen tavoin Jeesusta Kristusta varten jotta me voisimme ottaa osaa seitsenvuotiseen Hääjuhlaan ja välttyä jäämästä jäljelle Tempauksen jälkeen.

Luku 8 "Suuren Tuomion Jälkeiset Helvetin Rangaistukset" puhuu Uutta vuosituhatta seuraavasta Tuomiosta, ja siitä kuinka pelastumatta jääneet sielut siirretään Alemmasta haudasta helvettiin, kuinka heitä rangaistaan eri tavoin, ja mikä on pahojen henkien kohtalo ja kuinka heitä rangaistaan.

Luku 9 "Miksi Rakkauden Jumalan Täytyy Valmistaa Helvetti?" puhuu Jumalan ylitsevuotavaisesta rakkaudesta jonka tähden Hän uhrasi ainoan Poikansa. Viimeinen luku kertoo miksi tämän rakkauden Jumalan täytyi luoda sekä taivas että helvetti.

Helvetti kehottaa sinua ymmärtämään Jumalan rakkauden, joka tahtoo kaikkien sielujen pelastuvan ja pysyvän valppaana uskossaan. Helvetti päättyy kehottamalla sinua johdattamaan mahdollisimman useita sieluja pelastukseen.

Jumala on täynnä armoa ja myötätuntoa, ja Hän on itse rakkaus. Tänään, kuin isä joka odottaa poikansa paluuta, Jumala odottaa vilpittömästi että kaikki eksyneet sielut jättäisivät synnin ja pelastuisivat.

Joten minä toivon vilpittömästi että lukemattomat sielut ympäri maailmaa ymmärtäisivät että tämä kurja helvetti on todellakin olemassa ja että he palaisivat pian Jumalan luokse. Minä myös rukoilen Jeesuksen Kristuksen nimessä, että kaikki Herran uskovat pysyttelisivät hereillä ja valppaana, johdattaen mahdollisimman monia ihmisiä taivaaseen.

Geumsun Vin
Käännöstoimiston Johtaja

Sisältö

Esipuhe

Alkusanat

Luku 1 – **Ovatko Taivas ja Helvetti Todella Olemassa? • 1**

Taivas ja helvetti ovat todellakin olemassa
Vertauskuva rikkaasta miehestä ja Lasarus-kerjäläisestä
Taivaan ja helvetin rakenne
Ylempi hauta ja Paratiisi
Alempi hauta, odotuspaikka matkalla helvettiin

Luku 2 – **Tie Pelastukseen Niille Jotka Eivät Ole Koskaan Kuulleet Evankeliumia • 25**

Omantunnon Tuomio
Aborttien ja keskenmenojen syntymättömät vauvat
Lapset vastasyntyneistä viisivuotiaisiin saakka
Lapset kuusivuotiaista varhaisnuoriin saakka
Pelastuivatko Aatami ja Eeva?
Mitä tapahtui ensimmäiselle murhaajalle, Kainille?

Luku 3 – **Alempi Hauta ja Helvetin Sanansaattajien Henkilöllisyys • 57**

Helvetin sanansaattajat vievät ihmiset Alempaan hautaan
Odotuspaikka pahojen henkien maailmaan
Alemman haudan eri rangaistukset eri synneille
Lusifer Alemman haudan johdossa
Helvetin sanansaattajien henkilöllisyys

Luku 4 – **Pelastumatta Jääneiden Lasten Rankaiseminen Alemmassa Haudassa • 73**

Sikiö ja Imeväinen
Taaperot
Lapset jotka ovat tarpeeksi vanhoja puhumaan ja kävelemään
Lapset kuusivuotiaista kaksitoistavuotiaisiin
Profeetta Elisaa pilkanneet nuoret

Luku 5 – **Rangaistukset Ihmisille Jotka Kuolevat Murrosiän Jälkeen • 89**

Rangaistuksen ensimmäinen taso
Rangaistuksen toinen taso
Faaraon rangaistus
Rangaistuksen kolmas taso
Pontius Pilatuksen rangaistus
Saulin, Israelin ensimmäisen kuninkaan, rangaistus
Juudas Iskariotin neljännen tason rangaistus

Luku 6 – **Rangaistukset Pyhän Hengen Pilkkaamisesta • 133**

Kärsiminen kiehuvaa nestettä täynnä olevassa padassa
Pystysuoran kallion kiipeäminen
Suun polttaminen hehkuvalla raudalla
Suunnattoman suuret kidutuskoneet
Puunrunkoon sidottu

Luku 7 – **Pelastus Suuren Ahdistuksen Aikana • 161**

Kristuksen Saapuminen sekä Tempaus
Suuren Ahdistuksen Seitsemän Vuotta
Marttyyrius Suuren Ahdistuksen Aikana
Kristuksen Toinen Tuleminen ja Vuosituhat
Valmistautuminen olemaan Herran kaunis morsian

Luku 8 – **Suuren Tuomion Jälkeiset Helvetin Rangaistukset • 185**

Pelastumatta jääneet sielut putoavat Tuomion jälkeen helvettiin
Tulinen järvi ja palavan tulikiven järvi
Jotkut jäävät Alempaan hautaan jopa Tuomion jälkeenkin
Pahat henget kahlitaan Syvyyteen
Mihin demonit päätyvät?

Luku 9 – **Miksi Rakkauden Jumalan Täytyy Valmistaa Helvetti? • 219**

Jumalan kärsivällisyys ja rakkaus
Miksi rakkauden Jumalan täytyy valmistaa helvetti?
Jumala tahtoo kaikkien pelastuvan
Levitä evankeliumia rohkeasti

Luku 1

Ovatko Taivas ja Helvetti Todella Olemassa?

Niin tapahtui, että köyhä kuoli, ja enkelit veivät hänet Aabrahamin helmaan. Ja rikaskin kuoli, ja hänet haudattiin. Ja kun hän nosti silmänsä tuonelassa, vaivoissa ollessaan, näki hän kaukana Aabrahamin ja Lasaruksen hänen helmassaan. Ja hän huusi sanoen: "Isä Aabraham, armahda minua ja lähetä Lasarus kastamaan sormensa pää veteen ja jäähdyttämään minun kieltäni, sillä minulla on kova tuska tässä liekissä!" Mutta Aabraham sanoi: "Poikani, muista, että sinä eläessäsi sait hyväsi, ja Lasarus samoin sai pahaa; mutta nyt hän täällä saa lohdutusta, sinä taas kärsit tuskaa. Ja kaiken tämän lisäksi on meidän välillemme ja teidän vahvistettu suuri juopa, että ne, jotka tahtovat mennä täältä teidän luoksenne, eivät voisi, eivätkä ne, jotka siellä ovat, pääsisi yli meidän luoksemme." Hän sanoi: "Niin minä siis rukoilen sinua, isä, että lähetät hänet isäni taloon -sillä minulla on viisi veljeä-todistamaan heille, etteivät hekin joutuisi tähän vaivan paikkaan". Mutta Aabraham sanoi: "Heillä on Mooses ja profeetat; kuulkoot niitä". Niin hän sanoi: "Ei, isä Aabraham; vaan jos joku kuolleista menisi heidän tykönsä, niin he tekisivät parannuksen". Mutta Aabraham sanoi hänelle: "Jos he eivät kuule Moosesta ja profeettoja, niin eivät he usko, vaikka joku kuolleistakin nousisi ylös."

- Luukas 16: 22-31

1

Suurin osa meidän ympärillämme olevista ihmisistä pelkää kuolemaa, ja he ovat levottomia ja pelkäävät menettävänsä henkensä. Nämä ihmiset eivät kuitenkaan etsi Kristusta, sillä he eivät usko kuolemanjälkeiseen elämään. Lisäksi useat ihmiset jotka tunnustavat uskovansa Kristukseen näyttävät olevan kykenemättömiä elämään uskossa. Ihmiset epäilevät typeryyttään, eivätkä he usko kuolemanjälkeiseen elämään vaikka Jumala onkin jo paljastanut meille Raamatussa asioita kuolemanjälkeisestä elämästä, taivaasta sekä helvetistä.

Kuolemanjälkeinen elämä on näkymätön hengellinen maailma. Joten ihmiset eivät voi ymmärtää sitä ellei Jumala salli heille tätä tietoa. Kuten Raamattu toistuvasti sanoo, taivas ja helvetti ovat todellakin olemassa. Tämän tähden Jumala näyttää useille ihmisille ympäri maailmaa sekä taivaan että helvetin, ja Hän sallii heidän julistaa niistä maailman joka kolkassa.

"Taivas ja helvetti ovat todellakin olemassa."

"Taivas on kaunis ja kiehtova paikka, kun taas helvetti on uskomattoman kauhea ja ankea paikka. Minä kehoitan sinua voimakkaasti uskomaan kuolemanjälkeiseen elämään."

"On täysin sinusta kiinni menetkö sinä taivaaseen vai helvettiin. Jotta sinä et lankeaisi helvettiin, sinun tulee katua kaikkia syntejäsi välittömästi ja hyväksyä Jeesus Kristus elämääsi."

"Helvetti on todellakin olemassa. Siellä ihmiset kärsivät ikuisesti. On myös totta että taivas on olemassa. Taivas voi olla sinun pysyvä kotisi."

Rakkauden Jumala on puhunut minulle taivaasta kesäkuusta 1984 lähtien. Hän on myös alkanut selittää minulle helvetistä maaliskuusta 2000 lähtien. Hän pyysi minua levittämään ympäri maailmaa mitä minä olin oppinut taivaasta ja helvetistä niin, ettei ketään rangaistaisi tulisessa järvessä tai palavan tulikiven järvessä.

Jumala näytti minulle kerran sielun, joka katuen kärsi ja valitti Alemmassa haudassa, jossa kaikki helvettiin joutuvat odottavat tuskissaan. Tämä sielu oli kieltäytynyt ottamasta Herraa vastaan siitä huolimatta, että hänellä oli ollut useita tilaisuuksia kuunnella evankeliumia. Lopulta sielu lankesi kuoleman jälkeen helvettiin. Seuraava on sielun tunnustus:

Minä lasken päiviä
Minä lasken laskemistani mutta ne ovat loputtomia.
Minun olisi pitänyt yrittää ottaa Jeesus Kristus vastaan
kun he kertoivat Hänestä minulle.
Mitä minä nyt teen?

Vaikka minä katuisin se olisi nyt hyödytöntä.
En tiedä mitä nyt tehdä.
Haluan paeta tästä kärsimyksestä
mutta en tiedä mitä tehdä.

Minä lasken yhden, kaksi, ja kolme päivää.
Mutta vaikka minä lasken päiviä tällä tavoin,
minä tiedän sen olevan hyödytöntä.

Mitä minä nyt teen, mitä minä teen?

Kuinka voin vapautua tästä suuresta tuskasta?

Minä minä teen, sielu-parkani?

Kuinka minä voin kestää tämän?

Taivas ja helvetti ovat todellakin olemassa

Heprealaiskirje 9:27 sanoo seuraavasti: *"Ja samoinkuin ihmisille on määrätty, että heidän kerran on kuoleminen, mutta senjälkeen tulee tuomio."* Jokaisen miehen ja naisen kohtalo on kuolla, ja sen jälkeen kun he ovat hengittäneet viimeisen henkäyksensä he astuvat tuomion jälkeen joko helvettiin tai taivaaseen.

Jumala tahtoo jokaisen astuvan taivaaseen, sillä Hän on rakkaus. Jumala valmisti Jeesuksen Kristuksen ennen aikojen alkua, ja ajan ollessa kypsä Hän avasi oven ihmisten pelastukseen. Jumala ei tahdo yhdenkään sielun katoavan helvettiin.

Roomalaiskirje 5:7-8 julistaa: *"Tuskinpa kukaan käy kuolemaan jonkun vanhurskaan edestä; hyvän edestä joku mahdollisesti uskaltaa kuolla. Mutta Jumala osoittaa rakkautensa meitä kohtaan siinä, että Kristus, kun me vielä olimme syntisiä, kuoli meidän edestämme."* Todellakin, Jumala osoitti rakkautensa meitä kohtaan antamalla säästämättä ainoan Poikansa.

Pelastuksen ovi on selkosen selällään niin, että kaikki, jotka ottavat Jeesuksen Kristuksen vastaan pelastajanaan, tulevat pelastetuksi ja saavat astua taivaaseen. Suurimmalla osalla ihmisistä ei kuitenkaan ole mitään kiinnostusta taivasta tai helvettiä kohtaan vaikka he kuulisivatkin puhuttavan niistä. Jotkut lisäksi jopa vainoavat niitä jotka julistavat evankeliumia.

Kaikista surullisinta on se, että ihmiset jotka väittävät uskovansa Jumalaan rakastavat yhä maailmaa ja tekevät syntiä, sillä he eivät oikeasti unelmoi taivaasta tai pelkää helvettiä.

Todistajien todistusten ja Raamatun kautta

Taivas ja helvetti sijaitsevat hengellisessä maailmassa joka on todellakin olemassa. Raamattu mainitsee useaan otteeseen taivaan ja helvetin olemassaolon, ja myös taivaassa käyneet ihmiset todistavat sen olemassaolosta. Jumala esimerkiksi kertoo meille Raamatussa kuinka kurja paikka helvetti on jotta me voisimme saavuttaa ikuisen elämän taivaassa sen sijaan että me katoaisimme kuoleman jälkeen helvettiin.

Ja jos sinun kätesi viettelee sinua, hakkaa se poikki. Parempi on sinulle, että käsipuolena menet elämään sisälle, kuin että, molemmat kädet tallella, joudut helvettiin, sammumattomaan tuleen. Ja jos sinun jalkasi viettelee sinua, hakkaa se poikki. Parempi on sinulle, että jalkapuolena menet elämään sisälle, kuin että sinut, molemmat jalat tallella, heitetään helvettiin. Ja jos sinun silmäsi viettelee sinua, heitä se pois. Parempi on sinulle, että silmäpuolena menet sisälle Jumalan valtakuntaan, kuin että sinut, molemmat silmät tallella, heitetään

helvettiin, jossa heidän matonsa ei kuole eikä tuli sammu.
Sillä jokainen ihminen on tulella suolattava, ja jokainen
uhri on suolalla suolattava." (Markus 9:43-49)

Helvetissä käyneet ihmiset todistavat, että Raamatun kertoma
on totta. Helvetissä *"heidän matonsa ei kuole eikä tuli sammu.*
Sillä jokainen ihminen on tulella suolattava, ja jokainen uhri on
suolalla suolattava."

On selvää, että taivas ja helvetti odottavat meitä kuoleman
jälkeen kuten Raamattuun on kirjoitettu. Joten sinun tulee astua
taivaaseen Jumalan sanan mukaisesti elämällä ja uskomalla taivaan
ja helvetin olemassaoloon.

Sinun ei tule valittaa katuen kuten aikaisemmin mainittu
sielu, joka katuu loputtomasti Haudassa sen tähden, että hän ei
suostunut ottamaan Herraa vastaan siitä huolimatta, että hänellä
oli useita tilaisuuksia kuulla evankeliumia.

Jeesus sanoo meille luvuissa Joh. 14:11-12: *"Uskokaa minua,*
että minä olen Isässä, ja että Isä on minussa; mutta jos ette,
niin uskokaa itse tekojen tähden. Totisesti, totisesti minä sanon
teille: joka uskoo minuun, myös hän on tekevä niitä tekoja, joita
minä teen, ja suurempiakin, kuin ne ovat, hän on tekevä; sillä
minä menen Isän tykö."

Sinä voit tunnistaa tietyn henkilön Jumalan mieheksi kun
ihmisten tekoja suuremmat, voimalliset teot seuraavat häntä ja sinä
tunnistat hänen viestinsä olevan yhtä Jumalan aidon sanan kanssa.

Minä levitän sanomaa Jeesuksesta Kristuksesta tehden elävän
Jumala voiman tekoja ollessani ristiretkillä ympäri maailmaa.
Rukoillessani Jeesuksen Kristuksen nimessä, lukemattomat ihmiset

uskovat ja ottavat vastaan pelastuksen, sillä voiman ihmeelliset teot ovat nähtävissä: sokeat saavat nähdä, mykät puhua, halvaantuneet seisovat, kuolleet virkoavat ja niin edelleen.

Tällä tavoin Jumala on näyttänyt Hänen voimallisia tekojaan minun kauttani. Hän myös kertoo taivaasta ja helvetistä yksityiskohtaisesti ja sallii minun julistaa niistä ympäri maailmaa niin että mahdollisimman monet ihmiset pelastuisivat.

Nykyään monet ihmiset ovat kiinnostuneita kuoleman jälkeisestä elämästä – hengellisestä maailmasta – mutta on mahdotonta oppia asioita hengellisestä maailmasta syvällisesti pelkin ihmisvoimin. Osaksi sinä voit oppia siitä Raamatun kautta, mutta sinä voit oppia asioita syvällisesti vasta sitten kun Jumala selittää ne sinulle sinun ollessasi Pyhän Hengen vallassa, Hengen, joka etsii kaikkia asioita, jopa syviä asioita Jumalasta (1. Korinttolaiskirje 2:10).

Minä toivon että sinä uskoisit Raamatun lukuihin perustuvan kuvaukseni helvetistä, sillä itse Jumala selitti ne minulle ollessani täysin Hengen vallassa.

Miksi julistaa Jumalan tuomiosta ja helvetin rangaistuksista

Uskoa omaavat ihmiset täyttyvät Pyhällä Hengellä ja kuuntelevat pelkäämättä kun minä välitän sanomaa helvetistä. On kuitenkin ihmisiä, joiden kasvot jäykistyvät jännityksestä ja joiden tavalliset "aamen" tai "totisesti" -vastaukset hiljenevät pikkuhiljaa pois saarnan aikana.

Pahimmillaan heikon uskon omaavat ihmiset lakkaavat tulemasta palveluksiin tai jopa jättävät kirkon peloissaan sen sijaan että he vahvistaisivat uskoaan taivaaseen pääsyn toivossa.

Tästä huolimatta minun pitää puhua helvetistä, sillä minä tunnen Jumalan sydämen. Jumala on levoton koska ihmiset juoksevat kohti helvettiä eläen yhä pimeydessä, ja vaikka osa heistä tunnustaakin uskovansa Jeesukseen Kristukseen, he yhä tekevät kompromisseja maailmallisen elämäntavan kanssa.

Tämän tähden minä aion puhua helvetistä yksityiskohtaisesti jotta Jumalan lapset voisivat asua valossa pimeyden hyljäten. Jumala tahtoo lastensa katuvan ja astuvan taivaaseen vaikka tämä sitten saattaakin tapahtua pelossa, ja Hän tahtoo heidän tuntevan olonsa epämukavaksi kun he kuulevat Jumalan Tuomiosta ja helvetin rangaistuksista.

Vertauskuva rikkaasta miehestä ja Lasarus-kerjäläisestä

Luukaksen kirjassa 16:19-31 sekä rikas mies että Lasarus-kerjäläinen menivät kuoleman jälkeen Hautaan. Olosuhteet ja tilat jotka nämä miehet kuitenkin tämän jälkeen kohtasivat erosivat dramaattisesti.

Rikas mies kärsi suuria tuskia tulessa, kun taas Lasarus pääsi kauas Aabrahamin rinnalle suuren juovan toiselle puolelle. Miksi näin?

Vanhan testamentin aikoina Jumalan Tuomio annettiin Mooseksen lain mukaan. Rikas mies sai osakseen tulen rangaistuksen sen tähden, että hän ei ollut uskonut Jumalaan siitä huolimatta että hän oli elänyt tässä maailmassa suurten ylellisyyksien keskellä. Lasarus taas sai nauttia ikuisesta levosta, sillä hän oli uskonut Jumalaan siitä huolimatta että hän oli paiseiden peittämä ja joutui syömään rikkaan miehen pöydältä pudonneita tähteitä.

Kuolemanjälkeinen elämä riippuu Jumalan Tuomiosta

Me voimme lukea Vanhasta testamentista kuinka uskon esi-isät Jaakob ja Job mukaanlukien mainitsevat menevänsä Hautaan kuolemansa jälkeen (Genesis 37:35; Job 7:9). Koora ja kaikki hänen miehensä jotka olivat nousseet Moosesta vastaan menivät hautaan elävinä Jumalan vihan tähden (4. Moos. 16:33).

Uusi testamentti mainitsee myös "Sheolin." "Hauta" on sana, joka pitää sisällään sekä "Sheolin" että "Tuonelan." Hauta on jaettu kahteen osaan: Ylempi hauta kuuluu taivaaseen ja Alempi hauta kuuluu helvettiin.

Joten sinä tiedät, että uskon esi-isät, kuten Jaakob ja Job, sekä Lasarus-kejäläinen menivät taivaaseen kuuluvaan Ylempään hautaan, kun taas Koora ja rikas mies menivät helvettiin kuuluvaan Alempaan hautaan.

Kuoleman jälkeinen elämä on todellakin totta, ja kaikki miehet ja naiset tulevat menemään joko taivaaseen tai helvettiin Jumalan Tuomion mukaisesti. Minä kehotan sinua vakavasti uskomaan Jumalaan jotta sinä pelastuisit helvettiin joutumiselta.

9

Taivaan ja helvetin rakenne

Raamattu käyttää useita eri nimiä puhuessaan taivaasta ja helvetistä. Sinä tulee ymmärtää, että taivas ja helvetti eivät sijaitse samassa paikassa. Toisin sanoen, taivaaseen viitataan puhumalla "Ylemmästä haudasta" tai "Uudesta Jerusalemista." Tämä johtuu siitä että taivas, pelastuneiden sielujen asuinpaikka, on jaettu ja luokiteltu useisiin osiin.

Olen jo selittänyt *"Uskon Mitta"* sekä kirjassa *"Taivas I & II"* kuinka sinä saat asua sitä lähempänä Jumalan Valtaistuinta Uudessa Jerusalemissa mitä enemmän sinä olet löytänyt Jumalan kadonnutta kuvastusta. Tämän mukaisesti sinä voit astua taivaan Kolmanteen Kuningaskuntaan, Toiseen Kuningaskuntaan tai Ensimmäiseen Kuningaskuntaan sen mukaan kuinka vahva sinun uskosi on. Ne, jotka vain vaivoin tulevat pelastetuiksi, pääsevät Paratiisiin.

Pelastumatta jääneiden sielujen ja pahojen henkien asuinpaikkaan viitataan "tulisella järvellä", "palavan tulikiven järvellä" tai "Syvyydellä" (pohjaton kuilu), Aivan kuten useisiin eri osiin jaettu taivas, niin myös helvetti on jaettu eri osiin, sillä jokaisen sielun asuinpaikka on erilainen hänen tämän maailman pahojen tekojensa mukaisesti.

Taivaan ja helvetin rakenne

Ajattele mielessäsi ruudun muotoa (◇), jotta taivaan ja helvetin rakenteen ymmärtäminen olisi helpompaa. Jos tämä

```
              Uusi
            Jerusalem
          ---------------
          Kolmanteen
        Kuningaskuntaan
        ------------------
           Toiseen
        Kuningaskuntaan
        ------------------
         Ensimmäiseen
        Kuningaskuntaan
      --------------------
            Paratiisi
      ------------------------
          Ylempi Hauta
    ----------------------------

            Juopa

    ----------------------------
          Alempi Hauta
      ------------------------
          Tulinen Järvi
        ------------------
          Tulikiven Järvi
          --------------
             Syvyys
```

kuvio halkaistaan kahtia, se jättää jäljelle pyramidin (△) sekä ylösalaisin olevan pyramidin (▽). Kuvittele nyt, että pyramidi edustaa taivasta ja ylösalaisin oleva pyramidi helvettiä.

Pyramidin huippu edustaa Uutta Jerusalemia ja sen alaosa edustaa Ylempää hautaa. Toisin sanoen, Ylemmän haudan yläpuolella sijaitsevat Paratiisi, taivaan Ensimmäinen, Toinen ja Kolmas Kuningaskunta sekä Uusi Jerusalem. Sinun ei tule kuitenkaa ajatella eri kuningaskuntia ikäänkuin ne olisivat tämän maailman rakennuksen ensimmäinen, toinen tai kolmas kerros. Hengellisessä maailmassa on mahdotonta erottaa maita toisistaan yhdellä rajalla tai ymmärtää niiden muotoa niinkuin tässä maailmassa. Minä vain selitän sen tällä tavalla jotta lihan ihmiset ymmärtäisivät taivaan ja helvetin paremmin.

Pyramidin huippu vastaa Uutta Jerusalemia, kun taas sen leveä perusta edustaa Ylempää hautaa. Toisin sanoen, mitä korkeammalle pyramidia sinä pääset, sitä paremman Taivaan Kuningaskunnan sinä löydät.

11

Toisessa kuviossa, ylösalaisin olevassa pyramidissa, korkein ja levein osa edustaa Alempaa hautaa. Mitä alemmaksi sinä menet, sitä syvempää helvetin osaa sinä lähestyt; Alempi hauta, tulinen järvi, tulikiven järvi, sekä Syvyys. Luukaksen evankeliumissa sekä Ilmestyskirjassa mainittu Syvyys viittaa helvetin syvimpään osaan. Pyramidin ala pienenee mitä ylemmäksi sinä nouset Paratiisista Uuteen Jerusalemiin. Tämä muoto kertoo sinulle, että Uuteen Jerusalemiin astuvien ihmisten lukumäärä on sangen pieni verrattuna kaikkiin niihin ihmisiin jotka astuvat Paratiisiin tai taivaan Ensimmäiseen tai Toiseen Kuningaskuntaan. Tämä johtuu siitä, että Uuteen Jerusalemiin voivat astua ainoastaan ne, jotka saavuttavat pyhyyden ja täydellisyyden heidän sydämiensä pyhittymisen kautta seuraamalla Isä Jumalan sydäntä.

Ylösalaisin oleva pyramidi näyttää sinulle, kuinka samalla tavalla verrattain pieni määrä ihmisiä joutuu syvempään helvettiin, sillä ainoastaan ne, joiden omatunto on arpeutunut ja jotka ovat tehneet kaikista pahimpia syntejä, tulevat heitetyksi tähän paikkaan. Suurempi lukumäärä ihmisiä jotka ovat tehneet vähäisempiä syntejä joutuvat helvetin ylempään, leveämpään osaan.

Joten taivasta ja helvettiä voidaan verrata ruudukkaaseen suunnikkaaseen. Sinun ei tule kuitenkaan tehdä tästä sitä johtopäätöstä, että taivas olisi kolmion muotoinen tai että helvetti olisi ylösalaisin olevan pyramidin mallinen.

Taivaan ja helvetin välissä on suuri juopa

Ylemmän pyramidin – taivaan – ja ylösalaisin olevan pyramidin – helvetin – välissä on suuri juopa. Taivas ja helvetti eivät sijaitse vierekkäin toistensa kanssa, vaan ne ovat toisistaan mittaamattoman etäisyyden päässä.

Jumala on asettanut rajan tällä tavalla niin selvästi, jotta taivaan ja helvetin sielut eivät voisi matkustaa edestakaisin taivaan ja helvetin välillä. Vain erittäin harvinaisissa tapauksissa, kuten silloin kun Aabraham keskusteli rikkaan miehen kanssa, Jumala sallii tämäntapaiset keskustelut.

Näiden kahden symmetrisen kolmion välissä sijaitsee syvä juopa. Ihmiset eivät voi mennä taivaasta helvettiin tai helvetistä taivaaseen. Tästä huolimatta taivaassa olevat ihmiset voivat Jumalan luvalla nähdä ja kuulla toisensa sekä puhua toisilleen välimatkasta huolimatta.

Kenties sinä ymmärrät tämän helpommin jos sinä muistat kuinka me voimme puhua toisille ihmisille puhelimitse vaikka koko maailman toiselta puolelta, tai kuinka me voimme satelliittien kautta puhua toisillemme kasvotusten näyttöjen avulla tieteen ja teknologian nopean edistymisen ja kehittymisen ansiosta.

Siitä huolimatta, että taivaan ja helvetin välissä on syvä juopa, rikas mies saattoi nähdä kuinka Lasarus lepäsi Aabrahamin rinnalla, ja hän saattoi keskustella Aabrahamin kanssa hengessä Jumalan luvalla.

Ylempi hauta ja Paratiisi

Vaikka Ylempää hautaa voidaankin pitää osana taivasta, se ei tarkasti ottaen kuitenkaan kuulu taivaaseen toisin kuin Alempi hauta joka on osa helvettiä. Ylemmän haudan osa on muuttunut Vanhan testamentin ja Uuden testamentin välillä.

Ylempi hauta Vanhan testamentin aikoina

Vanhan testamentin aikoina pelastetut sielut odottivat Ylemmässä haudassa. Aabraham, uskon esi-isä, otti Ylemmän haudan vastuulleen, ja tämän tähden Raamattu mainitsee että Lasarus oli Aabrahamin rinnalla.

Herran Jeesuksen Kristuksen ylösnousemuksesta ja taivaaseenastumista lähtien pelastetut sielut eivät ole enää Aabrahamin rinnalla, vaan heidät siirretään Paratiisiin missä he ovat Herran rinnalla. Tämän takia Jeesus sanoo Luukaksen luvussa 23:43 ryövärille joka katui ja otti Jeesuksen vastaan Pelastajakseen Jeesuksen ollessa ristillä: *"Totisesti minä sanon sinulle, tänä päivänä pitää sinun oleman minun kanssani paratiisissa."*(Luukas 23:43)

Menikö Jeesus välittömästi Paratiisiin ristiinnaulitsemisensa jälkeen? 1. Pietari 3:18-19 kertoo meille että: *"Sillä myös Kristus kärsi kerran kuoleman syntien tähden, vanhurskas vääräin puolesta, johdattaaksensa meidät Jumalan tykö; hän, joka tosin kuoletettiin lihassa, mutta tehtiin eläväksi hengessä, jossa hän myös meni pois ja saarnasi vankeudessa oleville hengille."* Tästä me näemme, että Jeesus saarnasi evankeliumia kaikille

14

Ylemmässä haudassa odottaville sieluille. Minä puhun tästä tarkemmin luvussa 2.

Noustessaan kuolleista ja astuessaan taivaaseen Jeesus, joka oli saarnannut evankeliumia kolmen päivän ajan Ylemmässä haudassa, toi Paratiisiin sieluja jotka tulisivat pelastumaan. Tänään Jeesus on taivaassa valmistelemassa meille sijoja. Hän sanoi: *"Minä menen valmistamaan teille sijaa"* (Joh. 14:2).

Paratiisi Uuden testamentin aikoina

Pelastetut sielut eivät ole olleet Ylemmässä haudassa enää sen jälkeen kun Jeesus avasi pelastuksen oven selkosen selälleen. He asuvat Paratiisin laitamilla, Taivaan Odotuspaikassa, kunnes ihmisten kasvatuksen aika päättyy. Valkean valtaistuimen suuren Tuomion jälkeen heistä jokainen tulee astumaan omaan asuinsijaansa taivaassa henkilökohtaisen uskonsa mukaisesti, ja he tulevat asumaan siellä aina ja ikuisesti.

Kaikki pelastetut sielut odottavat Paratiisissa Uuden testamentin aikoina. Koska niin lukemattomat ihmiset ovat syntyneet Aatamin ajoista lähtien, jotkut ihmiset saattavat ihmetellä kuinka on mahdollista, että niin monet ihmiset elävät Paratiisissa. "Pastori Lee! Kuinka on mahdollista, että niin moni ihminen elää Paratiisissa? Minä pelkään että se ei ole tarpeeksi suuri mahduttaakseen kaikki nämä ihmiset sisäänsä, oli se sitten kuinka suuri tahansa."

Aurinkokunta, johon meidänkin maamme kuuluu, on pelkkä piste verrattuna galaksisysteemiin. Voitko sinä kuvitella kuinka suuri tällainen galaktinen systeemi on? Tällainen galaksi on kuitenkin vain pelkkä piste verrattuna koko maailmankaikkeuteen. Voitko sinä sitten edes kuvitella kuinka suuri koko maailmankaikkeus on?

Tämän lisäksi koko tämä valtava maailmankaikkeus jossa me elämme on vain yksi lukuisista maailmankaikkeuksista, ja koko maailmankaikkeuden avaruus on meille täysin käsittämätön. Joten jos me emme pysty käsittämään fyysisen maailmankaikkeuksien laajuutta, niin kuinka me pystyisimme käsittämään hengellisen maailman taivaan laajuuden?

Pelkkä Paratiisi on laajempi kuin mitä me voimme käsittää. Etäisyys Ensimmäisen Kuningaskunnan lähimmästä paikasta Paratiisiin on mittaamaton. Ymmärrätkö sinä nyt kuinka laaja itse Paratiisi on?

Sielut saavuttavat Paratiisissa hengellistä tietoa

Vaikka Paratiisi onkin odotuspaikka matkalla taivaaseen ei se silti ole tylsä tai kapea paikka. Se on niin kaunis paikka, ettei sitä voida verrata mihinkään tämän maailman ihmeellisistä maisemista.

Paratiisin odottavat sielut saavuttavat hengellistä tietoutta eräiden profeettojen kautta. He oppivat Jumalasta ja taivaasta, hengellisestä laista sekä kaikenlaista muuta välttämätöntä hengellistä tietoutta. Hengelliselle tietoudelle ei ole myöskään mitään rajoja. Opiskelu täällä on erilaista kuin tässä maailmassa opiskelu. Se ei ole vaikeaa tai tylsää. Mitä enemmän he oppivat, sitä enemmän armoa ja iloa he saavat osakseen.

Ne, joiden sydämet ovat puhtaita ja lempeitä, voivat

oppia paljon hengellistä tietoutta jopa tässäkin maailmassa kommunikoimalla hengellisesti Jumalan kanssa. Sinä saatat myös ymmärtää useita asioita Pyhän Hengen innoittamana katsellessasi asioita hengellisillä silmillä. Sinä voit kokea Jumalan hengellisen voiman jopa tässäkin maailmassa, sillä sinä ymmärrät uskon hengellisiä lakeja ja Jumala vastaa sinun rukouksiisi sen mukaan, kuinka sinä olet ympärileikannut sydämesi.

Kuinka onnellinen ja iloinen sinä oletkaan kun sinä opit ja koet hengellisiä asioita tässä maailmassa? Kuvittele, kuinka paljon onnellisempi ja iloisempi sinä olisitkaan kun sinä saat osaksesi syvemmän hengellisen ymmärryksen taivaaseen kuuluvassa Paratiisissa.

Missä profeetat sitten elävät? Elävätkö hekin Paratiisissa? Ei. Uuteen Jerusalemiin pääsevät sielut eivät odota Paratiisissa, vaan Uudessa Jerusalemissa, missä he auttavat Jumalaa Hänen työssään.

Aabraham oli huolehtinut Ylemmästä haudasta Jeesuksen ristiinnaulitsemiseen saakka. Jeesuksen ylösnousemuksen ja taivaaseenastumisen jälkeen Aabraham kuitenkin astui Uuteen Jerusalemiin, sillä hän oli saanut velvollisuutensa Ylemmässä haudassa päätökseen. Missä Mooses ja Elia sitten olivat Aabrahamin ollessa Ylemmässä haudassa? He eivät olleet Paratiisissa, vaan Uudessa Jerusalemissa, sillä he olivat täyttäneet Uuteen Jerusalemiin vaadittavat pääsyvaatimukset (Matteus 17:1-3).

Ylempi hauta Uuden testamentin aikoina

Kenties sinä olet nähnyt elokuvan, jossa ihmisen omaa kehoa muistuttava sielu eroaa ruumista kuoleman jälkeen ja saatetaan joko taivaan enkelien mukana taivaaseen tai helvetin sanansaattajien mukana helvettiin. Itse asiassa pelastunutta sielua saattaa kaksi valkoisiin vaatteisiin pukeutunutta enkeliä sen jälkeen kun hänen sielunsa erotetaan hänen ruumistaan kuoleman jälkeen. Ihmiset jotka eivät ole tästä tietoisia voivat kuitenkin joutua shokkiin nähdessään itsensä näköisen henkilön erossa kehostaan.

Aluksi fyysisestä kehostaan erossa oleva sielu tuntee olonsa oudoksi ja erilaiseksi. Se on nyt täysin erilaisessa tilassa kuin ennen, sillä se kokee suunnattomia muutoksia sen tähden että se on nyt neliulotteisessa maailmassa elettyään ennen kolmiulotteisessa maailmassa.

Erotettu sielu ei tunne kehon painoa, ja se saattaakin tuntea houkutusta lennellä ympäriinsä, sillä sen keho tuntuu erittäin kevyeltä. Tämän tähden sielu tarvitsee hieman aikaa opetella perusteita voidakseen sopeutua hengelliseen maailmaan. Tämän tähden Uuden testamentin aikoina pelastetut sielut asuvat hetkellisesti Ylemmässä haudassa, jossa he sopeutuvat hengelliseen maailmaan ennen Paratiisiin astumistaan.

Alempi hauta,
odotuspaikka matkalla helvettiin

Helvetin ylin paikka on Alempi hauta. Alemmaksi laskeuduttaessa helvetissä on tulinen järvi, tulikiven järvi sekä Syvyys, helvetin syvin kohta. Aikojen alusta lähtien pelastumatta jääneet sielut eivät ole vielä helvetissä, vaan he ovat yhä Alemmassa haudassa.

Useat ihmiset väittävät olleensa helvetissä. Minä voin sanoa että he todellakin kohtasivat piinaavia näkyjä Alemmassa haudassa. Tämä johtuu siitä, että pelastumatta jääneet sielut ovat sidottuja tiettyihin Alemman haudan paikkoihin heidän syntiensä ja pahuutensa mukaisesti, ja lopulta heidät heitetään palavaan järveen tai tulikiven järveen Valkean valtaistuimen suuren Tuomion jälkeen.

Pelastamatta jääneiden sielujen kärsiminen
Alemmassa haudassa

Luukas 16:24 kuvaa hyvin niitä kärsimyksiä jotka rikas mies kohtasi Alemmassa haudassa. Tuskissaan tämä rikas mies pyysi vesitilkkaa, sanoen: *"Isä Aabraham, armahda minua ja lähetä Lasarus kastamaan sormensa pää veteen ja jäähdyttämään minun kieltäni, sillä minulla on kova tuska tässä liekissä!"*

Kuinka sielut voivat olla olematta peloissaan ja vapisematta vertahyytävässä pelossa kun heitä piinataan jatkuvasti muiden ihmisten voihkinnan keskellä liekkien nuollessa heitä ilman toivoakaan kuolemasta helvetissä, missä mato ei kuole eikä tuli

19

koskaan sammu?

Raa'at helvetin sanansaattajat piinaavat sieluja sysimustassa pimeydessä, Alemmassa haudassa. Koko paikka on täynnä verta sekä mätänevistä ruumiista lähtöisin olevaa hirvittävää lemua niin että jopa hengittäminen on vaikeaa. Alemman haudan kärsimyksiä ei voida kuitenkaan edes verrata Helvetin kärsimyksiin.

Luvusta 3 eteenpäin minä kerron yksityiskohtaisesti eräiden esimerkkien avulla kuinka kauhistuttava paikka Alempi hauta on ja minkälaisia kestämättömiä rangaistuksia tulisessa järvessä ja palavan tulikiven järvessä annetaan.

Pelastumatta jääneet sielut ovat hyvin katuvaisia Alemmassa haudassa

Luukaksen kirjassa 16:27-30 rikas mies ei uskonut helvetin olemassaoloon. Hän kuitenkin ymmärsi hölmäytensä myöhemmin ja katui kuolemansa jälkeen tulessa. Rikas mies kerjäsi Aabrahamia lähettämään Lasaruksen hänen veljiensä luokse jotta myös nämä eivät joutuisi helvettiin.

"Niin minä siis rukoilen sinua, isä, että lähetät hänet isäni taloon -sillä minulla on viisi veljeä-todistamaan heille, etteivät hekin joutuisi tähän vaivan paikkaan". Mutta Aabraham sanoi: "Heillä on Mooses ja profeetat; kuulkoot niitä". Niin hän sanoi: "Ei, isä Aabraham; vaan jos joku kuolleista menisi heidän tykönsä, niin he tekisivät parannuksen". Mutta Aabraham sanoi hänelle: "Jos he eivät kuule Moosesta ja profeettoja, niin eivät he usko,

vaikka joku kuolleistakin nousisi ylös."

Mitä rikas mies sanoisi veljilleen jos hän saisi tilaisuuden puhua heille henkilökohtaisesti? Hän sanoisi heille varmasti seuraavasti: "Minä tiedän että helvetti on ehdottomasti olemassa. Olkaa kilttejä ja eläkää Jumalan sanan mukaisesti jottette te joutuisi helvettiin, sillä helvetti on hiuksia nostattavan kauhistuttava paikka."

Tämä rikas mies tahtoi vilpittömästi pelastaa veljensä helvetiltä jopa silloin, kun hän itse kärsi ja koki loputtomia kipuja, eikä ole epäilystäkään siitä, etteikö hänen sydämensä olisi ollut kohtuullisen hyvä. Entä sitten nykypäivän ihmiset?

Kerran Jumala näytti minulle avioparin joita piinattiin helvetissä sen tähden, että he olivat hyljänneet Jumalan ja jättäneet kirkon. Helvetissä he syyttivät, kirosivat ja vihasivat toisiaan, ja he toivoivat toisilleen jopa yhä enemmän kipua.

Rikas mies toivoi veljiensä tulevan pelastetuiksi, sillä hänellä oli suhteellisen hyvä sydän. Sinun tulee kuitenkin muistaa että rikas mies tuli silti heitetyksi helvettiin. Sinun tulee myös muistaa, että sinä et voi saada osaksesi pelastusta pelkästään sanomalla "Minä uskon."

Ihmisen kohtalona on kuolla ja joutua kuoleman jälkeen joko taivaaseen tai helvettiin. Joten sinun ei tule olla hölmö, vaan tulla todelliseksi uskovaksi.

Viisas henkilö valmistaa itsensä kuolemanjälkeistä elämää varten

Viisaat ihmiset valmistavat itsensä kuolemanjälkeistä elämää varten, kun taas useimmat ihmiset tekevät paljon työtä kootakseen ja rakentaakseen kunniaa, valtaa, vaurautta, rikkautta sekä pitkäikäisyyttä tässä maailmassa.

Viisaat ihmiset keräävät aarteensa taivaaseen Jumalan sanan mukaan, sillä he ovat hyvin tietoisia siitä, että he eivät voi ottaa mitään mukaan hautaansa.

Sinä olet kenties kuullut todistuksia ihmisiltä, jotka eivät löytäneet taloaan taivaasta siellä vieraillessaan vaikka he olivatkin luulleet uskoneensa Jumalaan ja eläneensä Kristuksessa. Sinä voit omata suuren ja kauniin talon taivaassa jos sinä keräät aarteesi tarkasti taivaaseen samalla kun sinä elät Jumalan kallisarvoisena lapsena tässä maailmassa!

Sinä olet todellakin siunattu ja viisas, sillä sinä kamppailet saadaksesi ja säilyttääksesi varman uskon astua kauniiseen taivaaseen, ja koska sinä säilöt aarteesi tarkasti taivaaseen uskossa, valmistaen itsesi Herran morsiamena joka on pian palaava takaisin.

Ihminen ei voi elää elämäänsä uudestaan kun hän kuolee. Joten sinun tulee omata uskoa ja tietää että sinä olet taivas ja helvetti. Tämän lisäksi, tietäen että pelastumatta jääneet sielut kärsivät suuresti helvetissä, sinun tulisi julistaa taivaasta ja helvetistä kaikille joiden kanssa sinun polkusi kohtaavat. Kuvittele kuinka mieltynyt Jumala sinuun olisikin!

Ne, jotka julistavat Jumalan rakkautta ja tahtovat johdattaa kaikki ihmiset pelastuksen tielle tulevat olemaan siunattuja tässä elämässä ja loistamaan auringon tavoin myös taivaassa.

Minä toivon, että sinä tulisit uskomaan sinut tuomitsevaan ja palkitsevaan elävään Jumalaan, ja että sinä yrittäisit tulla Jumalan uskolliseksi lapseksi. Minä rukoilen Herran nimessä, että sinä tulisit johdattamaan mahdollisimman monia ihmisiä takaisin Jumalan luokse ja pelastukseen, ja että sinä olisit iloinen Jumalan tähden.

Luku 2

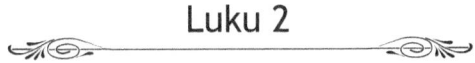

Tie Pelastukseen Niille Jotka Eivät Ole Koskaan Kuulleet Evankeliumia

Jumala todisti rakkautensa meitä kohtaan antamalla Hänen ainoan poikansa Jeesuksen Kristuksen ristiinnaulittavaksi ihmiskunnan pelastumisen puolesta.

Vanhemmat rakastavat lapsiaan mutta he tahtovat että lapset kasvaisivat tarpeeksi kypsiksi jotta he voisivat ymmärtää vanhempiensa sydämiä ja jakaa kaikki ilot ja kivut yhdessä heidän kanssaan.

Samalla tavoin Jumala tahtoo että kaikki ihmiset pelastuisivat. Lisäksi Jumala tahtoo Hänen lapsiensa kypsyvän uskossaan jotta he ymmärtäisivät Isä Jumalan sydäntä ja pystyisivät jakamaan Hänen kanssaan syvän rakkauden. Tämän tähden apostoli Paavali kirjoittaa luvussa 1. Tim. 2:4 että Jumala tahtoo kaikkien ihmisten pelastuvan ja oppivan tuntemaan totuuden.

Sinun tulisi tietää että Jumala paljastaa helvetin ja hengellisen maailman yksityiskohtaisesti sen tähden, että rakkaudessaan Hän haluaa kaikkien ihmisten ottavan vastaan pelastuksen ja kypsyvän uskossaan täyteen ikään.

Tässä luvussa minä selitän yksityiskohtaisesti kuinka sellaisten ihmisten on mahdollista päästä taivaaseen jotka ovat kuolleet

25

tuntematta Jeesusta Kristusta.

Omantunnon Tuomio

Monet ihmiset eivät usko Jumalaan mutta he tunnustavat kuitenkin taivaan ja helvetin olemassaolon, He eivät voi kuitenkaan päästä taivaaseen pelkästään sen tähden että he uskovat taivaaseen ja helvettiin. Jeesus sanoi Joh. 14:6:ssa: *"Minä olen tie ja totuus ja elämä: ei kukaan tule Isän tykö muutoin kuin minun kauttani".* Sinä voit tulla pelastetuksi ja astua taivaaseen ainoastaan Jeesuksen Kristuksen kautta.

Kuinka sinä voit sitten tulla pelastetuksi? Apostoli Paavali näyttää meille Roomalaiskirjeessä 10:9-10 tien todelliseen pelastukseen:

"Sillä jos sinä tunnustat suullasi Jeesuksen Herraksi ja uskot sydämessäsi, että Jumala on hänet kuolleista herättänyt, niin sinä pelastut; sillä sydämen uskolla tullaan vanhurskaaksi ja suun tunnustuksella pelastutaan".

Oletetaan, että on olemassa ihmisiä jotka eivät ole kuulleet Jeesuksesta Kristuksesta. Tämän johdosta he eivät tunnusta että "Jeesus on Herra." He eivät myöskään usko sydämellään Jeesukseen Kristukseen. Onko sitten totta että heistä kukaan ei voi tulla pelastetuiksi?

Lukuisat ihmiset elivät elämänsä ennen Jeesuksen maahan

saapumista. Jopa Uuden testamentin aikoina ihmiset kuolivat kuulematta koskaan evankeliumia. Voivatko nämä ihmiset pelastua?

Minkälainen kohtalo tulisi niiden osaksi jotka kuolivat niin varhain, että he eivät ehtineet kypsyä tarpeeksi voidakseen tunnustaa uskoa? Entä sitten syntymättömät lapset jotka kuolivat abortin tai keskenmenon johdosta? Täytyykö heidän välttämättä mennä helvettiin sen tähden että he eivät uskoneet Jeesukseen Kristukseen? Ei, näin ei ole.

Rakkauden Jumala avaa oikeamielisyydessään pelastuksen ovet kaikille "omantunnon tuomion" kautta.

Ihmiset jotka etsivät jumalaa ja elävät puhtain mielin

Roomalaiskirje 1:20 julistaa: *"Sillä hänen näkymätön olemuksensa, hänen iankaikkinen voimansa ja jumalallisuutensa, ovat, kun niitä hänen teoissansa tarkataan, maailman luomisesta asti nähtävinä, niin etteivät he voi millään itseänsä puolustaa,"* Tämän tähden hyvän sydämen omaavat ihmiset uskovat jumalan olemassaoloon näkemällä mitä on luotu.

Saarnaaja 3:11 kertoo, että Jumala on asettanut iankaikkisuuden ihmisten sydämeen. Joten hyvät ihmiset etsivät luonnostaan jumalaa ja he uskovat jollakin tavalla kuoleman jälkeiseen elämään. Hyvät ihmiset pelkäävät taivaita ja yrittävät elää hyviä ja vanhurskaita elämiä, vaikkeivat he ehkä olekaan koskaan kuulleet evankeliumista. Tämän johdosta he elävät tiettyyn pisteeseen asti heidän jumaliensa tahdon mukaan. Jos he

27

olisivat vain kuulleet evankeliumia he olisivat varmasti ottaneet Herran vastaan ja pelastuneet.

Tästä syystä Jumala salli hyvien sielujen odottaa Ylemmässä haudassa johdattaakseen heidät taivaaseen siihen saakka kunnes Jeesus kuoli ristillä. Jeesuksen ristiinnaulitsemisen jälkeen Jumala johdatti heidät pelastukseen Jeesuksen veren kautta antamalla heidän kuulla evankeliumia.

Evankeliumin kuuleminen Ylemmässä haudassa

Raamattu kertoo meille, että Jeesus julisti evankeliumia Ylemmässä haudassa sen jälkeen kun Hän oli kuollut ristillä.

1. Piet. 3:18-19 huomauttaa: *"Sillä myös Kristus kärsi kerran kuoleman syntien tähden, vanhurskas vääräin puolesta, johdattaaksensa meidät Jumalan tykö; hän, joka tosin kuoletettiin lihassa, mutta tehtiin eläväksi hengessä, jossa hän myös meni pois ja saarnasi vankeudessa oleville hengille."* Jeesus julisti evankeliumia Ylemmässä haudassa oleville sieluille jotta hekin voisivat pelastua Hänen verensä kautta.

Kuultuaan evankeliumia ihmiset, jotka eivät olleet kuulleet siitä elämänsä aikana, lopultakin saivat tilaisuuden kuulla kuka Jeesus Kristus on, ja he tulivat pelastetuiksi.

Jumala ei ole antanut muuta nimeä kuin Jeesus Kristus johdattaakseen ihmiskunnan pelastukseen (Ap. t. 4:12). Jopa Uuden testamentin aikoina ihmiset, jotka eivät ole saaneet tilaisuutta kuulla evankeliumia, tulevat pelastetuiksi omantunnon tuomion kautta. He odottavat Ylemmässä haudassa kolmen päivän ajan evankeliumia kuunnellen ja astuvat sitten taivaaseen.

Saastaisen omantunnon omaavat ihmiset eivät koskaan etsi Jumalaa ja he elävät synnissä, rypien omissa himoissaan. He eivät uskoisi evankeliumiin vaikka kuulisivatkin sitä. Kuoleman jälkeen heidät lähetetään Alempaan hautaan elämään rangaistuksessa, ja lopulta he lankeavat helvettiin Valkean valtaistuimen suuren Tuomion jälkeen.

Omantunnon tuomio

Ihminen ei pysty arvioimaan tarkasti toisen henkilön omaatuntoa, sillä ihmiset eivät pysty lukemaan toisten sydämiä tarkasti. Kaikkivaltias Jumala pystyy kuitenkin tutkimaan kaikkien sydämiä ja tuomitsemaan tarkasti.

Roomalaiskirje 2:14-15 selittää omantunnon tuomion. Hyvät ihmiset tietävät mikä on hyvää ja mikä on pahaa, sillä heidän omatuntonsa sallii heidän tietää Lain vaatimukset.

"Sillä kun pakanat, joilla ei lakia ole, luonnostansa tekevät, mitä laki vaatii, niin he, vaikka heillä ei lakia ole, ovat itse itsellensä laki ja osoittavat, että lain teot ovat kirjoitetut heidän sydämiinsä, kun heidän omatuntonsa myötä-todistaa ja heidän ajatuksensa keskenään syyttävät tai myös puolustavat heitä".

Joten hyvät ihmiset eivät seuraa pahan tietä, vaan he seuraavat sen sijaan elämässään hyvyyden tietä. Tämän johdosta he pysähtyvät Ylemmässä haudassa kolmen päivän ajan omantunnon tuomion mukaisesti, ja tämän kolmen päivän aikana he kuulevat evankeliumia ja tulevat pelastetuiksi.

Amiraali Soonshin Lee* on hyvä esimerkki henkilöstä joka eli hyvyydessä omantuntonsa johdattamana (*Toim. Huom: Amiraali Lee oli korealaisen Chosun-dynastian laivaston ylin komentaja 1500-luvulla). Amiraali Lee eli totuudessa siitä huolimatta että hän ei tuntenut Jeesusta Kristusta. Hän oli aina uskollinen hänen kuningastaan, maataan ja kansaansa kohtaan joita hän suojeli. Hän oli hyvä ja uskollinen vanhemmilleen ja hän rakasti veljiään. Hän ei koskaan asettanut omia etujaan muiden etujen edelle, eikä hän koskaan haalinut itselleen kunniaa, vaikutusvaltaa tai rikkauksia. Hän palveli ja uhrasi itsensä naapureidensa ja kansansa edestä.

Hänessä ei ollut pahuuden hitustakaan. Amiraali Lee karkoitettiin ilman että hän olisi valittanut tai yrittänyt kostaa vihollisilleen tultuaan väärin perustein syytetyksi. Hän ei nurissut kuninkaalle edes silloin, kun hänet karkoittanut kuningas käski hänet taistelemaan taistelukentällä. Sen sijaan hän kiitti kuningasta sydämensä pohjasta, palautti joukot hyvään järjestykseen ja otti osaa taisteluihin vaarantaen oman henkensä. Lisäksi hän varasi aikaa rukoillakseen jumalaansa polvillaan, sillä hän tunnusti tämän olemassaolon. Miksi Jumala ei päästäisi häntä taivaaseen?

Ihmiset jotka suljetaan omantunnon tuomion ulkopuolelle

Voivatko sellaiset ihmiset päästä osaksi omantunnon

tuomiosta jotka ovat kuulleet evankeliumista mutta eivät ole uskoneet Jumalaan?

Sinun perheenjäsenesi eivät voi päästä osalliseksi omantunnon tuomiosta jos he eivät hyväksyneet evankeliumia kuultuaan siitä sinulta. On vain oikeudenmukaista, että he eivät tule pelastetuiksi jos he ovat hyljänneet evankeliumin siitä huolimatta, että heillä on ollut useita tilaisuuksia kuulla sitä.

Tästä huolimatta sinun tulisi julistaa tätä ilosanomaa väsymättä, sillä vaikka ihmiset ovatkin tarpeeksi pahoja joutuakseen helvettiin, sinä annat heille työsi kautta useampia tilaisuuksia tulla pelastetuiksi.

Jokainen Jumalan lapsi on velallinen evankeliumin tähden, ja hänellä on velvollisuus levittää sitä edelleen. Jumala kuulustelee sinua Tuomiopäivänä jos sinä et ole koskaan julistanut evankeliumia perheellesi vanhemmat, sisarukset, sukulaiset ja muut mukaanlukien. "Miksi et evankelioinut vanhempiasi ja veljiäsi?" "Miksi sinä et evankelioinut lapsiasi?" "Miksi sinä et evankelioinut ystäviäsi?"

Joten sinun tulee levittää ilosanomaa ihmisille päivästä toiseen jos sinä todellakin ymmärrät Jumalan rakkautta, joka uhrasi jopa ainoan Poikansa, ja jos sinä todellakin tunnet ristillä meidän puolestamme kuolleen Herran rakkauden.

Sielujen pelastaminen on tapa sammuttaa ristillä "Minulla on jano" julistaneen Herran jano sekä maksaa takaisin Herran veren hinta.

Aborttien ja keskenmenojen syntymättömät vauvat

Mikä on niiden syntymättömien lapsien kohtalo jotka ovat kuolleet keskenmenojen yhteydessä? Fyysisen kuoleman jälkeen ihmisten henki menee joko taivaaseen tai helvettiin sillä ihmisen sielu ei tuhoudu, oli se sitten kuinka nuori tahansa.

Henki annetaan viisi kuukautta hedelmöityksen jälkeen

Milloin sikiölle annetaan henki? Sikiö ei saa henkeä ennenkuin vasta raskauden kuudennella kuukaudella.

Lääketieteen mukaan viisi kuukautta raskauden jälkeen kuuloelimet, silmät ja silmäluomet kehittyvät sikiölle. Myös isojen aivojen kehittymisen aktivoivat aivolohkot muodostuvat viisi-kuusi kuukautta hedelmöityksen jälkeen.

Sikiölle annetaan henki sen ollessa kuuden kuukauden ikäinen. Tällöin sen on muodoltaan jo lähes täysin ihmismäinen. Sikiö ei mene helvettiin tai taivaaseen jos keskenmeno tapahtuu ennenkuin sille on annettu henki, sillä sikiö ilman henkeä on kuin eläin.

Saarnaaja 3:21 sanoo: *"Kuka tietää ihmisen hengestä, kohoaako se ylös, ja eläimen hengestä, vajoaako se alas maahan?"* "Ihmisen hengellä" viitataan tässä siihen yhteenliittymään joka muodostuu hengestä, jonka Jumala on ihmisille antanut ja joka johdattaa ihmisen etsimään Jumalaa, sekä hänen sielustaan, joka saa hänet ajattelemaan ja noudattamaan Jumalan sanaa. "Eläimen hengellä" puolestaan viitataan pelkästään sieluun, lähinnä siihen systeemiin joka saa meidät ajattelemaan ja toimimaan.

Eläin katoaa kuollessaan, sillä sillä on vain sielu mutta ei henkeä. Sikiö joka on alle viiden kuukauden ikäinen ei omaa henkeä. Joten sen kuollessa se katoaa eläinten tavoin.

Abortti on yhtä vakava synti kuin murha

Eikö se sitten ole synti abortoida sikiötä joka alle viiden kuukauden ikäinen jos sillä kerran ei ole vielä henkeä? Sinun ei tule tehdä syntiä abortoimalla sikiö siitä huolimatta milloin sille annetaan henki, sillä sinun tulee muistaa, että ainostaan Jumala hallitsee elämää.

Psalmi 139:15-16 kuuluu: *"Minun luuni eivät olleet sinulta salatut, kun minut salassa valmistettiin, kun minut taiten tehtiin maan syvyyksissä. Sinun silmäsi näkivät minut jo idussani. Minun päiväni olivat määrätyt ja kirjoitetut kaikki sinun kirjaasi, ennenkuin ainoakaan niistä oli tullut."*

Rakkauden Jumala tunsi teistä jokaisen ennen kuin te olitte muodostuneet äitienne kohduissa, ja Hänellä oli ihmeellisiä ajatuksia ja suunnitelmia teitä varten, ja ne olivat niin valmiita että Hän kirjoitti ne Hänen kirjaansa. Tämän tähden ihminen, pelkkä Jumalan luoma olento, ei saa kontrolloida sikiön elämää vaikka se sitten olisikin alle viiden kuukauden ikäinen.

Sikiön abortoiminen on sama asia kuin murha, sillä se loukkaa oikeutta joka kuuluu Jumalalle joka on vastuussa elämästä, kuolemasta, siunauksista ja kirouksista. Lisäksi kuinka sinä voit väittää sen olevan merkityksetön synti kun sinä tapat oman poikasi tai tyttäresi?

Synnin palkka ja koettelemukset tulevat perässä

Sinun ei tulisi loukata Jumalan yksinvaltiutta elämän suhteen missään olosuhteissa, olivat ne sitten kuinka vaikeita tahansa. Ei ole myöskään oikein abortoida lasta mielihyvän tähden. Sinun tulee ymmärtää että sinä tulet korjaamaan mitä sinä olet kylvänyt, ja sinä tulet maksamaan siitä mitä olet tehnyt.

On yhä vakavampaa jos sinä abortoit sikiön joka on kuutta kuukautta vanhempi. Tämä on sama kuin aikuisen murhaaminen, sillä sikiölle on jo annettu henki.

Abortti luo suuren synnin muurin sinun ja Jumalan välille. Tämän tuloksena sinä saat osaksesi kipua joka on lähtöisin erilaisista koettelemuksista ja vaikeuksista. Vähitellen sinä vieraannut Jumalasta tämän synnin muurin tähden jos sinä et ratkaise tätä synnin ongelmaa, ja lopulta sinä saatat harhautua niin pitkälle, ettet sinä pysty enää palaamaan.

Jopa ne jotka eivät usko Jumalaan tulevat rangaistuksi ja he kohtaavat kaikenlaisia vaikeuksia ja koettelemuksia jos he tappavat vauvan, sillä tämä on murha. Vaikeudet ja koettelemukset seuraavat heitä aina, sillä Jumala ei voi suojella heitä ja Hän kääntää kasvonsa heistä jos he eivät revi synnin muuria alas.

Katukaa syntejänne perinpohjaisesti ja repikää alas synnin muuri

Jumala ei antanut Hänen käskyjään tuomitakseen ihmisiä, vaan paljastaakseen heille Hänen tahtonsa, johdattaakseen heidät katumukseen ja pelastaakseen heidät.

Jumala sallii sinun myös ymmärtävän aborttia koskevia asioita jotta sinä et tekisi tätä syntiä ja jotta sinä voisit repiä alas synnin muurin katumalla menneisyydessäsi tekemiä syntejä.

Pidä huoli, että sinä kadut perinpohjaisesti ja revit alas synnin muurin antamalla rauhan uhreja jos sinä olet joskus menneisyydessäsi abortoinut lapsen. Tällöin vaikeudet ja koettelemukset katoavat, sillä Jumala ei enää muista syntejäsi.

Synnin vakavuus vaihtelee tapauksittain kun sinä abortoit lapsen. Sinun syntisi on suhteellisen lievä jos sinä esimerkiksi abortoit lapsen joka on raiskauksen tulos. Synti on vakavampi jos esimerkiksi naimisissa oleva pariskunta hankkiutuu eroon ei-toivotusta raskaudesta.

Jos sinä et jostain syystä halua lasta, sinun tulisi kantaa kohdussasi oleva lapsi Jumalan eteen rukouksessa. Tällaisissa tapauksissa sinun tulisi synnyttää lapsesi jos Jumala ei vastaa rukouksiisi haluamallasi tavalla.

Useimmmat abortoidut lapset pelastuvat, mutta on myös poikkeuksia

Kuusi kuukautta hedelmöityksen jälkeen sikiö ei voi ajatella, ymmärtää tai uskoa mihinkään omasta vapaasta tahdostaan vaikka sille onkin jo annettu henki. Joten Jumala pelastaa useimmat niistä sikiöistä jotka kuolevat tämän vaiheen aikana, riippumatta siitä mikä niiden tai niiden vanhempien uskonto on.

Huomaa, kuinka minä sanoin "useimmat" – en "kaikki –" sikiöt, sillä on olemassa harvinaisia tapauksia jolloin sikiö ei voi tulla pelastetuksi.

Sikiö voi periä pahan luonteen hedelmöityksen hetkellä jos sen vanhemmat tai isovanhemmat tekivät paljon syntiä Jumalaa vastaan kasaten pahuutta pahuuden päälle. Tällaisissa tapauksissa sikiö ei voi pelastua.

Tällainen lapsi on esimerkiksi velhon jälkeläinen tai sellaisten vanhempien lapsi, jotka kirosivat ja tahtoivat toisille vain pahaa kuten Hee-bin Jang* Korean historiassa (*Toim. Huom: Jang oli kuningas Sook-jongin jalkavaimo 1600-luvun lopulla joka kateuttaan kirosi kuningattaren). Hän kirosi kilpailijansa lävistämällä tämän muotokuvan nuolilla äärimmäisen kateuden vallassa. Tällaisten pahojen vanhempien lapset eivät voi pelastua, sillä he perivät vanhempiensa pahan luonteen.

Myös sellaisten ihmisten joukossa on erittäin pahoja ihmisiä jotka väittävät olevansa uskossa. Nämä ihmiset vastustavat, väärinymmärtävät, tuomitsevat ja estävät Pyhän Hengen työtä. Kateudessaan he myös yrittävät tappaa henkilön joka kirkastaa Jumalan nimeä. Jos tällaisten vanhempien lapsia kohtaa keskenmeno, he eivät voi tulla pelastetuiksi.

Näitä harvinaisia tapauksia lukuunottamatta useimmat syntymättömät lapset pelastuvat. He eivät voi kuitenkaan astua Paratiisiin, sillä heitä ei ole kasvatettu tämän maan päällä. He elävät Ylemmässä haudassa jopa Valkean valtaistuimen suuren

Tuomion jälkeenkin.

Ikuinen paikka pelastuneille syntymättömille lapsille

Sikiöt jotka on abortoitu kuutta kuukautta myöhemmin raskauden alkamisen jälkeen ovat Ylemmässä haudassa kuin tyhjiä paperiarkkeja, sillä heitä ei ole kasvatettu maan päällä. Tämän tähden he pysyvät Ylemmässä haudassa ja heille annetaan heidän sieluille sopiva keho ylösnousemuksen aikaan.

Heille annetaan keho joka muuttuu ja kasvaa, toisin kuin muut pelastetut ihmiset joiden hengelliset kehot ovat ikuisia ja muuttumattomia. Joten vaikka he ovatkin aluksi lapsien näköisiä ja muotoisia, he tulevat kasvamaan kunnes he saavuttavat oikean vaiheen.

Nämä lapset pysyvät Ylemmässä haudassa jopa sen jälkeen kun ovat kasvaneet, täyttäen sielunsa totuuden tietämyksellä. Sinä voit ymmärtää tämän helposti jos sinä ajattelet minkälainen Aatami oli Eedenin puutarhassa ja minkälainen hänen oppimisprosessinsa oli.

Kun Aatami luotiin eläväksi olennoksi hän rakentui hengestä, sielusta sekä ruumiista. Hänen kehonsa oli kuitenkin erilainen kuin hengellinen, ylösnoussut keho, ja hänen sielunsa oli yhtä tietämätön kuin vastasyntynyt vauva. Joten Jumala itse antoi Aatamille hengellistä tietoutta, kävellen hänen kanssaan sangen pitkän ajanjakson ajan.

Sinun tulee ymmärtää, että Aatami luotiin Eedenin

puutarhaan ilman että hänessä oli yhtään pahuutta. Ylemmässä haudassa olevat sielut eivät ole kuitenkaan yhtä hyviä kuin mitä Aatami oli, sillä he ovat jo perineet syntisen luonteen vanhemmiltaan jotka ovat olleet osallisia ihmisten kasvatuksesta maan päällä jo sukupolvien ajan.

Aatamin lankeamisesta lähtien kaikki hänen jälkeläisensä ovat perineet vanhemmiltaan perisynnin.

Lapset vastasyntyneistä viisivuotiaisiin saakka

Kuinka voivat lapset aina viisivuotiaisiin saakka tulla pelastetuiksi jos he eivät vielä pysty erottamaan hyvää pahasta tai tunnustaa uskoaan? Tämän ikäisten lasten pelastuminen riippuu heidän vanhempiensa, ja etenkin heidän äitinsä, uskosta.

Lapsi voi tulla pelastetuksi jos hänen vanhempansa omaavat pelastukseen johtavan uskon ja jos he kasvattavat lapsensa uskossa (1. Korinttolaiskirje 7:14). Tästä huolimatta ei voida sanoa että lapsi ei voi pelastua jos hänen vanhempansa eivät ole uskossa.

Tässä sinä näet jälleen Jumalan rakkauden. Genesis 25 kertoo meille kuinka Jumala tiesi ennalta että Jaakob tulisi olemaan tulevaisuudessa hänen vanhempaa Eesau-veljeään suurempi jo silloin kun he taistelivat keskenään äitinsä kohdussa. Kaikkivaltias Jumala johdattaa kaikki ennen viidettä ikävuottaan kuolleet lapset pelastukseen omantunnon tuomion kautta. Tämä on mahdollista sen tähden, että Jumala tietää tulisiko lapsi ottamaan Herran vastaan jos hän jatkaisi elämäänsä ja kuulisi evankeliumia.

Lapset, joiden vanhemmilla ei ole uskoa ja jotka eivät läpäise omantunnon tuomiota, tulevat lankeamaan helvettiin kuuluvaan Alempaan hautaan jossa heitä piinataan.

Omantunnon tuomio ja vanhempien usko

Täten lasten pelastus riippuu hyvin pitkälti heidän vanhempiensa uskosta. Joten vanhempien tulee kasvattaa lapsensa Jumalan tahdon mukaisesti jotta he eivät päätyisi helvettiin.

Kauan aikaa sitten eräs lapseton pariskunta synnytti lapsen useiden rukouksien jälkeen. Lapsi kuitenkin kuoli ennenaikaisesti liikenneonnettomuudessa.

Minä löysin syyn lapsen kuolemaan rukouksen kautta. Tämä kuolema johtui siitä, että lapsen vanhemmat kylmenivät ja olivat kaukana Jumalasta. Lapsi ei voinut käydä kirkon lastentarhassa sillä hänen vanhempansa nauttivat maailmallisesta elämästä. Tämän tähden tämä lapsi alkoi laulaa maailmallisia lauluja Jumalaa ylistävien laulujen sijasta.

Tuohon aikaan tämä lapsi omasi uskon jolla pelastua, mutta hän ei olisi voinut pelastua jos hän olisi kasvanut vanhempiensa vaikutusvallan alla. Tässä tilanteessa Jumala kutsui lapsen ikuiseen elämään liikenneonnettomuuden kautta ja antoi siten vanhemmille tilaisuuden katua. Hän ei olisi kuitenkaan toiminut näin jos lapsen vanhemmat olisivat katuneet ja palanneet Jumalan luokse ilman, että heidän täytyi nähdä lapsensa kuolevan väkivaltaisesti.

Vanhempien vastuu lastensa hengellisestä kasvusta

Vanhempien uskolla on suora vaikutus heidän lastensa pelastukseen. Lasten usko ei voi kasvaa kunnolla jos heidän vanhempansa eivät ole kiinnostuneita lastensa hengellisestä kasvusta jättäen siten lapsensa uskon pelkän pyhäkoulun varaan. Vanhempien täytyy rukoilla lastensa puolesta, tutkiskella palvovatko he aina hengessä ja rehellisin sydämin sekä opettaa heitä kotona elämään rukouksessa toimimalla hyvänä esimerkkinä.

Minä rohkaisen kaikkia vanhempia olemaan uskossaan hereillä sekä kasvattamaan rakkaat lapsensa Herrassa. Minä siunaan sinua, jotta sinun perheesi saisi yhdessä nauttia ikuisesta elämästä taivaassa.

Lapset kuusivuotiaista varhaisnuoriin saakka

Kuinka lapset kuudennesta ikävuodesta aina varhaisnuoriin – noin kahdenteentoista ikävuoteen saakka – voivat sitten pelastua?

Nämä lapset ymmärtävät evankeliumin sen kuullessaan ja he pystyvät myös itse ainakin tiettyyn pisteeseen saakka päättämään mitä uskoa.

Tämänikäisten lasten tapaukset eroavat toisistaan, sillä

jokainen lapsi kasvaa, kehittyy ja kypsyy eri tahdissa. On kuitenkin tärkeintä, että yleensä tässä iässä lapset ovat kykeneväisiä uskomaan Jumalaan oman tahtonsa ja uskonsa mukaan.

Oman uskonsa mukaisesti vanhempien uskosta huolimatta

Kuudesta kahteentoista vuotta vanhat lapset ovat kykeneväisiä valitsemaan uskonsa. Joten he voivat tulla pelastetuiksi heidän vanhempiensa uskosta huolimatta.

Joten sinun lapsesi voivat joutua helvettiin siitä huolimatta, että sinä olet itse uskossa, jos sinä et kasvata heitä uskossa. On myös lapsia joiden vanhemmat eivät ole uskossa. Tällaisissa tapauksissa lapsen pelastuminen on paljon vaikeampaa.

Minä erotan murrosikää nuorempien lasten pelastumisen puberteetin kokeneiden lasten pelastumisesta sen tähden, että Jumalan runsaan ja ylitsevuotaisen rakkauden tähden omantunnon tuomiota saatetaan soveltaa ensimmäiseen joukkoon.

Jumala voi antaa näille lapsille vielä yhden tilaisuuden ottaa vastaan pelastus, sillä tämän ikäiset lapset eivät voi vielä päättää asioita täysin oman tahtonsa mukaisesti. sillä he ovat vielä vanhempiensa vaikutusvallan alaisia.

Hyvät lapset hyväksyvät Herran kuullessaan evankeliumia ja he saavat osakseen Pyhän Hengen. He käyvät myös kirkossa mutta eivät voi jatkaa siellä käymistä vääriä jumalia palvovien vanhempiensa vainoamisen tähden. Teini-iän alusta lähtien he voivat kuitenkin valita oikean ja väärän välillä oman mielensä mukaan heidän vanhempiensa aikeista huolimatta. He voivat pitäytyä uskossaan jos he todella uskovat Jumalaan, oli heidän vanhempiensa vastustus ja vaino kuinka vahvaa tahansa.

Kuvittele, että lapsi jonka usko olisi ollut vahva jos hän olisi saanut elää, kuolee nuorena. Mitä hänelle sitten tapahtuu? Jumala johdattaa hänet pelastukseen omantunnon tuomion lain mukaisesti, sillä Hän tietää mitä lapsen sydämen syvyyksissä on.

Jos lapsi ei kuitenkaan ota Herraa vastaan eikä hän läpäise omantunnon tuomiota, hän ei saa toista mahdollisuutta ja hän päätyy helvettiin. On myös ymmärretty, että puberteetin kokeneiden ihmisten pelastus riippuu ainoastaan heidän omasta uskostaan.

Huonoissa olosuhteissa syntyneet lapset

Loogisten tai päteven ratkaisujen tekemiseen kykenemättömän lapsen pelastus riippuu suurelta osin vanhempien ja esivanhempien hengistä.

Lapsi voi syntyä henkisen sairauden kanssa tai olla pahojen henkien riivaama jo erittäin aikaisista päivistä lähtien hänen esivanhempiensa pahuuden tai kuvainpalvonnan tähden. Tämä johtuus siitä, että jälkeläiset ovat vanhempiensa ja esivanhempiensa vaikutusvallan alaisia.

Tätä koskien 5. Moos 5:9-10 varoittaa seuraavasti:

"Älä kumarra niitä äläkä palvele niitä. Sillä minä, Herra, sinun Jumalasi, olen kiivas Jumala, joka kostan isien pahat

teot lapsille kolmanteen ja neljänteen polveen, niille, jotka minua vihaavat; mutta teen laupeuden tuhansille, jotka minua rakastavat ja pitävät minun käskyni ".

1. Korinttolaiskirje 7:14 puolestaan sanoo, että: *"Sillä mies, joka ei usko, on pyhitetty vaimonsa kautta, ja vaimo, joka ei usko, on pyhitetty miehensä, uskonveljen, kautta; muutoinhan teidän lapsenne olisivat saastaisia, mutta nyt he ovat pyhiä."*
Lasten on myös vaikea tulla pelastetuiksi jos heidän vanhempansa eivät elä uskossa.

Koska Jumala on rakkaus, Hän ei käänny pois niistä jotka kutsuvat Hänen nimeään vaikka he olisivatkin syntyneet pahojen luonteiden kanssa vanhempiensa ja esivanhempiensa tähden. He voivat tulla johdatetuiksi pelastukseen, sillä Jumala vastaa heidän rukouksiinsa kun he katuvat, yrittävät elää Hänen sanansa mukaan kaikkina aikoina ja kutsuvat Hänen nimeään väsymättä.

Heprealaiskirje 11:6 kertoo meille, että: *"Mutta ilman uskoa on mahdoton olla otollinen; sillä sen, joka Jumalan tykö tulee, täytyy uskoa, että Jumala on ja että hän palkitsee ne, jotka häntä etsivät."* Vaikka ihmiset olisivatkin syntyneet pahojen luonteiden kanssa, Jumala muuttaa heidän pahat luonteensa hyviksi ja johdattaa heidät taivaaseen heidän ilahduttaessaan Häntä uskossaan hyvillä teoilla ja uhreilla.

Ne jotka eivät voi etsiä Jumalaa omin avuin

Jotkut ihmiset eivät voi etsiä Jumalaa uskossa koska heillä on henkisiä ongelmia tai he ovat pahojen henkien riivaamia. Mitä

43

heidän tulisi sitten tehdä?

Tällaisissa tapauksissa heidän vanhempiensa tai perheenjäsentensä täytyy osoittaa heidän puolestaan tarpeeksi suurta uskoa Jumalan edessä. Rakkauden Jumala avaa sitten oven pelastukseen, pannen merkille heidän uskonsa ja vilpittömyytensä.

Lasten kohtalo on heidän vanhempiensa syytä jos lapsi kuolee ennenkuin hän on saanut tilaisuuden saada ottaa pelastuksen vastaan. Joten minä kehoitan sinua ymmärtämään että uskossa eläminen on erittäin tärkeää sekä vanhemmille itselleen että heidän jälkeläisilleen.

Sinun tulee myös ymmärtää Jumalan sydäntä, joka arvostaa yhtä sielua enemmän kuin mitä Hän arvostaa koko maailmaa. Minä rohkaisen sinua omaamaan runsaasti rakkautta huolehtiaksesi uskossa sekä sinun omista lapsistasi että sinun naapureidesi ja sukulaistesi lapsista.

Pelastuivatko Aatami ja Eeva?

Aatami ja Eeva ajettiin ulos maahan sen jälkeen kun he olivat niskoitellen syöneet hyvän- ja pahantiedon puusta, eivätkä he koskaan kuulleet evankeliumia. Tulivatko he sitten pelastetuiksi? Anna minun nyt kertoa pelastuivatko ensimmäiset ihmiset Aatami ja Eeva.

Aatami ja Eeva eivät totelleet Jumalaa

Alussa Jumala loi ensimmäisen ihmisen, Aatamin, sekä Eevan omaksi kuvakseen ja hän rakasti heitä erittäin paljon. Jumala valmisti kaiken heidän runsasta elämäänsä varten etukäteen ja johdatti heidät Eedenin puutarhaan. Siellä Aatamilta ja Eevalta ei puuttunut mitään.

Lisäksi Jumala antoi Aatamille paljon vaikutusvaltaa ja voimaa hallita kaikkea maailmankaikkeudessa olevaa. Aatami hallitsi kaikkia maassa, taivaalla ja veden alla olevia olentoja. Saatana-vihollinen ja paholainen eivät uskaltaneet astua Eedenin puutarhaan, sillä sitä suojeltiin ja vartioitiin Aatamin johtajuuden alla.

Lempeydessään Jumala antoi heille hengellistä tietoutta heidän kanssaan kävellessään, samalla tavoin kuin isä opettaa rakkaalle lapselleen kaiken A:sta Ö:hön. Aatamilta ja Eevalta ei puuttunut yhtään mitään mutta viekkaan käärmeen onnistui silti johdattaa heidät kiusaukseen, ja niin he söivät kiellettyä hedelmää.

He joutuivat maistamaan kuolemaa Jumalan sanan mukaisesti, joka sanoi että he tulisivat varmasti kuolemaan (Genesis 2:17). Toisin sanoen, heidän henkensä kuolivat vaikka ne olivat olleet eläviä henkiä. Tämän tuloksena heidät ajettiin kauniista Eedenin puutarhasta maahan. Ihmisten kasvatus alkoi tässä kirotussa maassa ja kaikki siinä olevat asiat olivat yhtälailla kirottuja.

Pelastuivatko Aatami ja Eeva? Jotkut ihmiset sanovat että he eivät voineet pelastua, sillä kaikki oli kirottua, ja heidän jälkeläisensä ovat joutuneet kärsimään kauan aikaa heidän alkuperäisen tottelemattomuutensa tähden. Tästä huolimatta rakkauden Jumala on jättänyt pelastuksen oven avoimeksi jopa heille.

Aatamin ja Eevan syvä katumus

Jumala antaa sinulle anteeksi kunhan sinä kadut syvästi ja palaat takaisin Hänen luokseen. Hän tekee näin siitä huolimatta, että sinä olet kaikenlaisen perisynnin ja muiden syntien tahraama joita sinä olet tehnyt eläessäsi tässä pimeyttä ja pahuutta täynnä olevassa maailmassa. Jumala antaa sinulle anteeksi vaikka sinä olisit murhaaja kunhan sinä vain kadut syvällä sydämessäsi ja palaat Hänen luokseen.

Tämän maailman ihmisiin verrattuna Aatamin ja Eevan sydämet olivat aidosti puhtaita ja hyviä. Lisäksi itse Jumala opetti heitä lempeällä rakkaudella pitkän ajan. Kuinka Jumala voisi sitten lähettää Aatamin ja Eevan helvettiin antamatta heille anteeksi heidän kaduttuaan sydämiensä pohjasta?

Aatami ja Eeva kärsivät hyvin paljon heidän ollessaan kasvatettavina tämän maan päällä. Eedenin puutarhassa he olivat voineet elää rauhassa, voiden aina syödä kaikenlaisia hedelmiä. Nyt he eivät voineet syödä ilman, että he tekivät työtä tai hikoilivat. Eevan tuli synnyttää lapsia suurella tuskalla. He vuodattivat kyyneleitä ja kärsivät syntinsä aiheuttamasta surusta. Aatami ja Eeva joutuivat myös todistamaan, kuinka heidän poikansa tuli veljensä murhaamaksi.

Kuinka paljon heidän onkaan täytynyt kaivata elämäänsä

Eedenin puutarhassa Jumalan rakkauden ja suojeluksen alla kun he joutuivat kokemaan tällaista tuskaa maan päällä. Eedenin puutarhassa eläessään he he eivät tunnistaneet onneaan eivätkä he kiittäneet Jumalaa, sillä he pitivät heidän elämäänsä, yltäkylläisyyttänsä ja Jumalan rakkautta itsestäänselvyytenä.

Nyt he kuitenkin ymmärsivät kuinka onnellisia he olivat olleet aikaisemmin, ja he kiittivät Jumalaa siitä ylitsevuotavasta rakkaudesta jonka Hän oli heille antanut. Lopulta he katuivat syvästi menneisyytensä syntejä.

Jumala avasi heille pelastuksen ovet

Synnin palkka on kuolema, mutta rakkaudella ja oikeudenmukaisuudella hallitseva Jumala antaa ihmisten synnit anteeksi jos he katuvat niitä syvästi.

Rakkauden Jumala salli Aatamin ja Eevan astua taivaaseen heidän kaduttuaan. He kuitenkin pelastuivat vain vaivoin ja astuivat Paratiisiin, sillä Jumala on oikeudenmukainen. Heidän syntinsä – Jumalan suuren rakkauden hylkääminen – ei ollut vähäpätöinen. Tottelemattomuutensa kautta Aatami ja Eeva olivat syypäitä ihmisten kasvatuksen välttämättömyyteen sekä heidän jälkeläistensä kärsimykseen, kipuun ja kuolemaan.

Vaikka Jumala olisi sallinut Aatamin ja Eevan syödä hyvän- ja pahantiedon puusta, itse niskoittelu toi kärsimyksen ja kuoleman lukemattomille ihmisille. Joten Aatami ja Eeva eivät voineet astua Paratiisia parempaan paikkaan taivaassa, eivätkä he tietenkään voineet saada vastaanottaa kunniallisia palkkioita taivaassa.

Jumala työskentelee rakkaudella ja oikeudenmukaisesti

Tutkikaamme seuraavaksi Jumalan rakkautta ja oikeudenmukaisuutta apostoli Paavalin tapauksen kautta.

Apostoli Paavali oli ennen Jeesukseen uskovien päävainoaja ja hän vangitsi Jeesuksen seuraajia ennenkuin oppi itse tuntemaan Hänet. Paavali näki kuinka Stefanuksesta tuli marttyyri hänen todistaessaan Herrasta, ja hän piti Stefanuksen kivittämistä oikeana tekona.

Paavali kuitenkin kohtasi Herran ja otti Hänet vastaan matkalla Damaskukseen. Tuolloin Herra kertoi hänelle, että hänestä oli tuleva pakanoiden apostoli ja että hän oli tuleva kärsimään suuresti. Siitä lähtien apostoli Paavali katui suuresti ja hän oli niin uskollinen että antoi jopa oman henkensä Herran puolesta.

Tämän maailman luonnonlain mukaan sinä korjaat sitä mitä sinä olet kylvänyt. Sama koskee hengellistä maailmaa. Sinä tulet korjaamaan hyvyyttä jos sinä olet kylvänyt hyvyyttä, ja sinä tulet korjaamaan pahuutta jos sinä olet kylvänyt pahuutta.

Paavalin tapaus osoittaa sinulle, että sinun tulee vartioida sydäntäsi, pysyä hereillä ja muistaa, että koettelemukset tulevat seuraamaan sinun menneisyytesi pahoja tekoja vaikka ne ovatkin annettu sinulle anteeksi kaduttuasi niitä syvästi.

Mitä tapahtui ensimmäiselle murhaajalle, Kainille?

Mitä tapahtui ensimmäiselle murhaajalle, Kainille, joka kuoli kuulematta koskaan evankeliumia? Tutkikaamme seuraavaksi tuliko hän pelastetuksi omantunnon tuomion kautta.

Veljekset Kain ja Aabel uhrasivat Jumalalle

Aatami ja Eeva saivat lapsia maan päällä sen jälkeen kun heidät oli ajettu ulos Eedenin puutarhasta. Kain oli heidän esikoispoikansa ja Aabel oli Kainin nuorempi veli. Kasvettuaan Kain ja Aabel antoivat Jumalalle uhreja. Kain toi maan hedelmiä uhriksi Jumalalle kun taas Aabel toi rasvaisia paloja laumansa esikoisista.

Jumala katsoi suosiollisesti Aabelia ja hänen uhrejaan, mutta ei Kainia ja hänen uhrejaan. Miksi Jumala sitten katsoi suosiollisesti Aabelia ja tämän uhreja?

Sinun ei tule uhrata Jumalalle vastoin Hänen tahtoaan. Hengellisen maailman lain mukaan sinun tulisi palvoa Jumalaa uhriverellä, joka voi antaa syntejä anteeksi. Tämän tähden ihmiset uhrasivat Vanhan testamentin aikoina härkiä tai lampaita, ja Uuden testamentin aikoina Jeesuksesta, Jumalan Karitsasta, tuli sovittava uhri vuodattamalla oman verensä.

Jumala hyväksyy sinut mielihyvin, vastaa sinun rukouksiisi ja siunaa sinua kun sinä palvot Häntä uhraamalla verta, eli kun sinä palvot Häntä hengessä. Hengellinen uhraus tarkoittaa Jumalan palvomista hengessä ja totuudessa. Jumala ei ota vastaan palvontaasi mielissään jos sinä torkut tai kuuntelet sanomaa hajamielisesti jumalanpalveluksen aikana.

Jumala katsoi suosiollisesti ainoastaan Aabelia ja hänen uhriaan

Aatami ja Eeva tiesivät luonnollisesti uhrilakia koskevan hengellisen lain, sillä Jumala oli opettanut heille lain Eedenin puutarhassa sen pitkän ajan aikana jolloin Hän kulki heidän kanssaan. Tietenkin heidän on myös täytynyt opettaa lapsilleen kuinka uhrata Jumalalle oikealla tavalla.

Aabel palvoi Jumalaa uhraamalla verta vanhempiensa opetuksille uskollisena, kun taas Kain toi uhrina oman harkintansa mukaan maan hedelmiä.

Heprealaiskirje 11:4 sanoo tästä seuraavaa: *"Uskon kautta uhrasi Aabel Jumalalle paremman uhrin kuin Kain, ja uskon kautta hän sai todistuksen, että hän oli vanhurskas, kun Jumala antoi todistuksen hänen uhrilahjoistaan; ja uskonsa kautta hän vielä kuoltuaankin puhuu"*.

Jumala hyväksyi Aabelin uhrin, sillä uskossaan hän palvoi Jumalaa hengellisesti Hänen tahtoaan noudattaen. Jumala ei kuitenkaan hyväksynyt Kainin uhria, sillä hän ei palvonut Häntä hengessä, vaan sen sijaan hän palvoi Jumalaa omien mittojen ja tapojensa mukaisesti.

Kain tappoi Aabelin kateudesta

Kain oli hyvin vihainen ja alakuloinen nähtyään, että Jumala hyväksyi hänen veljensä uhrin mutta ei hänen omaansa. Lopulta hän hyökkäsi Aabelin kimppuun ja tappoi tämän.

Yksi sukupolvi sen jälkeen kun ihmisten kasvatus alkoi tämän maan päällä, tottelemattomuus synnytti kateuden, kateus synnytti ahneuden ja vihan, ja viha ja ahneus johtivat murhaan. Kuinka kauheaa tämä onkaan?

Sinä näet kuinka nopeasti ihmiset tartuttavat sydämensä synnillä sallittuaan synnin sydämiinsä. Tämän tähden sinun ei tule sallia edes vähäpätöisen synnin päästä sydämeesi, vaan sinun tulee hankkiutua siitä välittömästi eroon.

Mitä sitten tapahtui Kainille, ensimmäiselle murhaajalle? Jotkut väittävät että Kain ei ole voinut tulla pelastetuksi, sillä hän tappoi vanhurskaan Aabel-veljensä.

Kain tiesi vanhempiensa kautta kuka Jumala oli. Tämän päivän ihmisiin verrattuna Kainin aikojen ihmiset perivät vanhemmiltaan sangen keveän perisynnin. Vaikka Kain tappoikin veljensä kateuden puuskassa, hänen omatuntonsa oli puhdas.

Joten vaikka Kain olikin tehnyt murhan, hän saattoi silti katua Jumalan rangaistuksen kautta ja Jumala oli armollinen häntä kohtaan.

Kain pelastui syvän katumisen jälkeen

Genesis 4:13-15 kertoo kuinka Kain vetoaa Jumalaan sanoen, että hänen rangaistuksensa on liian raskas. Hän anoi Jumalalta armoa ollessaan kirottu ja vaellellessaan levottomana ympäri maata. Jumala vastasi hänelle: *"Sentähden, kuka ikinä tappaa*

Kainin, se pitää seitsenkertaisesti kostettavan", ja Jumala pani Kainiin merkin jottei kukaan tappaisi häntä.

Tässä vaiheessa sinun täytyy ymmärtää kuinka vilpittömästi Kain katui tapettuaan veljensä. Vasta sen jälkeen hän pystyi kommunikoimaan Jumalan kanssa ja Jumala pani häneen merkin anteeksiantonsa merkiksi. Jos Kain olisi ollut menetetty tapaus jonka kohtalona oli joutua helvettiin, niin miksi Jumala olisi sitten ensinnäkään kuunnellut hänen anomistaan, saati sitten pannut häneen Hänen merkkinsä?

Kain täytyi olla rauhaton vaeltaja maan päällä rangaistukseksi siitä että hän oli tappanut veljensä, mutta hän sai lopulta pelastuksen katumalla syntiään. Kuten Aatamikin, Kain tuli kuitenkin vain vaivoin pelastetuksi ja hänen sallittiin elävän Paratiisin reunalla, ei sen keskustassa.

Oikeamielinen Jumala ei voinut sallia Kainin astuvan tätä parempaan paikkaan taivaassa siitä huolimatta että hän oli katunut. Vaikka Kain elikin tähän aikaan verrattuna paljon puhtaampana ja synnittömämpänä aikana, hän oli silti syyllinen veljensä murhaan.

Tästä huolimatta Kain olisi saattanut voida astua parempaan paikkaan taivaassa jos hänen pahasta sydämestään olisi kasvatettu hyvä, ja jos hän olisi tehnyt kaikkensa miellyttääkseen Jumalaa kaikilla voimillaan ja koko sydämellään. Kainin omatunto ei kuitenkaan ollut tarpeeksi hyvä ja puhdas tämän tapahtumiseksi.

Miksi Jumala ei rankaise pahoja ihmisiä välittömästi?

Sinulla voi olla monia kysymyksiä eläessäsi uskossa. Jotkut ihmiset ovat hyvin pahoja mutta silti Jumala ei rankaise heitä. Toiset kärsivät sairauksista tai kuolevat pahuutensa tähden. Toiset taas kuolevat nuorina vaikka he näyttävätkin olleen hyvin uskollisia Jumalalle.

Kuningas Saul esimerkiksi oli tarpeeksi paha yrittääkseen tappaa Daavidin siitä huolimatta, että hän tiesi että Jumala oli valinnut Daavidin. Silti Jumala jätti Saulin rangaistuksetta. Tämän johdosta Saul vainosi Daavidia yhä enemmän.

Tämä on esimerkki Jumalan rakkauden johdatuksesta. Jumala tahtoi kasvattaa Daavidia Saulin pahuuden kautta tehdäkseen hänestä suuren astian ja kuninkaan. Tämän tähden kuningas Saul kuoli kun Jumalan opetuslapsen, Daavidin, koulutus päättyi.

Samalla tavalla Jumala rankaisee ihmisiä välittömästi tai sallii heidän elää rangaistuksetta yksilöittäin. Kaikki pitää sisällään Jumalan johdatuksen ja rakkauden.

Sinun tulisi kaivata parempaa asuinpaikkaa taivaassa

Joh. 11:25-26:ssa Jeesus sanoi: *"Minä olen ylösnousemus ja elämä; joka uskoo minuun, se elää, vaikka olisi kuollut. Eikä yksikään, joka elää ja uskoo minuun, ikinä kuole. Uskotko sen?"*

Pelastuksen evankeliumin hyväksymisen kautta saaneet ihmiset tulevat varmasti nousemaan kuolleista, saamaan hengellisen kehon sekä nauttimaan ikuisesta kunniasta taivaassa. Maan päällä yhä elossa olevat ihmiset tulevat temmatuiksi pilviin kohdatakseen Herran ilmassa Hänen laskeutuessaan taivaasta. Mitä enemmän sinä muistutat Jumalan kuvaa, sitä paremman paikan sinä taivaassa saat.

Jeesus puhuu tästä luvussa Matteus 11:12: *"Mutta Johannes Kastajan päivistä tähän asti hyökätään taivasten valtakuntaa vastaan, ja hyökkääjät tempaavat sen itselleen."* Jeesus antoi meille toisen lupauksen luvussa Matteus 16:27 : *"Sillä Ihmisen Poika on tuleva Isänsä kirkkaudessa enkeliensä kanssa, ja silloin hän maksaa kullekin hänen tekojensa mukaan."* Lisäksi 1. Korinttolaiskirje 15:41 huomauttaa seuraavanlaisesti: *"Toinen on auringon kirkkaus ja toinen kuun kirkkaus ja toinen tähtien kirkkaus, ja toinen tähti voittaa toisen kirkkaudessa."*

Sinä et voi olla kaipaamatta parempaan paikkaan taivaassa. Sinun tulee yrittää olla pyhempi ja uskollisempi koko Jumalan talossa, niin että sinä saisit astua Uuteen Jerusalemiin missä Jumalan Valtaistuin sijaitsee. Kuin maanviljelijä satoineen, Jumala tahtoo johdattaa mahdollisimman monta ihmistä parempaan taivaan kuningaskuntaan ihmisten maanpäällisen kasvatuksen kautta.

Sinun täytyy tuntea hengellinen maailma hyvin voidaksesi astua taivaaseen

Ihmiset, jotka eivät tunteneet Jumalaa ja Jeesusta Kristusta, eivät voineet päästä Uuteen Jerusalemiin vaikka he pelastuivatkin omantunnon tuomion kautta.

On olemassa ihmisiä jotka eivät ole kunnolla tietoisia suunnitelmasta kasvattaa ihmisiä, Jumalan sydämestä tai hengellisestä maailmasta siitä huolimatta, että he ovatkin kuulleet evankeliumia. Joten he eivät tiedä, että määrätietoiset ihmiset saavat osakseen taivaan valtakunnan eikä heillä ole toivoa päästä Uuteen Jerusalemiin.

Jumala käskee meitä seuraavasti: *"Ole uskollinen kuolemaan asti, niin minä annan sinulle elämän kruunun."* (Ilmestyskirja 2:10). Jumala palkitsee sinut taivaassa runsaasti sen mukaan mitä sinä olet kylvänyt. Palkkio on erittäin arvokas, sillä se on ikuinen ja sen kirkkaus kestää ikuisesti.

Sinä voit valmistaa itsestäsi kauniin morsiamen Herralle niinkuin viisi viisasta neitsyttä ja saavuttaa täyden hengen kun sinä kun pidät tämän mielessäsi.

1. Tessalonikalaiskirje 5:23 kuuluu seuraavasti: *"Mutta itse rauhan Jumala pyhittäköön teidät kokonansa, ja säilyköön koko teidän henkenne ja sielunne ja ruumiinne nuhteettomana meidän Herramme Jeesuksen Kristuksen tulemukseen."*

Joten sinun tulee valmistaa itseäsi Herran morsiamena saavuttaaksesi täyden hengen ennenkuin Jeesuksen Kristuksen paluun hetki koittaa tai Jumala kutsuu sielusi, kumpi tahansa tapahtuu ensin.

Ei ole tarpeeksi käydä kirkossa joka sunnuntai ja tunnustaa, "Minä uskon." Sinun täytyy hankkiutua eroon kaikenlaisesta pahasta ja olla uskollinen koko Jumalan talossa. Mitä enemmän sinä miellytät Jumalaa, sitä parempaan paikkaan sinä taivaassa astut.

Tällä tiedolla minä rohkaisen sinua tuleman Jumalan uskolliseksi lapseksi. Minä rukoilen Herran nimessä, että sinä et ainoastaan kulkisi Herran kanssa täällä maan päällä, vaan että sinä myös asuisit lähempänä Jumalan Valtaistuinta taivaassa, aina ja ikuisesti.

Luku 3

Alempi Hauta ja Helvetin Sanansaattajien Henkilöllisyys

Joka vuosi sadonkorjuun aikaan maanviljelijät odottavat innolla hyvää satoa. He eivät voi kuitenkaan aina korjata ensiluokkaista satoa siitä huolimatta että he työskentelevät ahkerasti päivästä päivään ja yön toisensa jälkeen lannoittaen peltoa, kitkien rikkaruohoja ja niin edelleen. Osa sadoista on toisen tai kolmannen luokan tasoista, ja jotkut niistä ovat pelkkiä akanoita.

Ihmiset eivät voi käyttää akanoita ruokana. Akanoita ei voida myöskään korjata yhdessä vehnän kanssa, sillä akanat pilaavat vehnän. Tämän tähden maanviljelijä kerää akanat ja hän polttaa ne tai käyttää niitä lannoitteena.

Sama koskee Jumalan ihmisten kasvatusta maan päällä. Jumala etsii uskollisia lapsia jotka kantavat sisällään Jumalan pyhää ja täydellistä kuvaa. On kuitenkin ihmisiä, jotka eivät hankkiudu täydellisesti eroon synneistään tai jotka ovat täysin pahuuden vallassa niin että he unohtavat ihmisten velvollisuudet. Jumala tahtoo pyhiä ja uskollisia lapsia mutta Hän myös korjaa taivaaseen jopa nekin jotka kuolevat ennenkuin he ovat hankkiutuneet täysin synneistään eroon, kunhan he ovat vain yrittäneet elää uskossa.

Huolimatta siitä, että Jumalan alkuperäinen suunnitelma oli kasvattaa ja korjata ainoastaan uskollisia lapsia, Jumala ei lähetä ihmisiä hirvittävään helvettiin jos nämä ihmiset omaavat sinapinsiemenen kokoisen uskon jolla he luottavat Jeesuksen Kristuksen vereen. Ne jotka eivät usko Jeesukseen Kristukseen ja taistelevat loppuun saakka Jumalaa vastaan voivat ainoastaan mennä helvettiin, sillä he ovat valinneet tuhon tien itsessään olevalla pahuudella.

Kuinka sitten pelastumatta jääneet sielut viedään Alempaan hautaan ja millä tavalla heitä siellä rangaistaan? Minä kerron yksityiskohtaisesti helvettiin kuuluvasta Alemmasta haudasta ja helvetin sanansaattajien henkilöllisyydestä.

Helvetin sanansaattajat vievät ihmiset Alempaan hautaan

Pelastuneen henkilön kuollessa kaksi enkeliä saapuu johdattaakseen hänet taivaaseen kuuluvaan Ylempään hautaan. Luukas 24:4 kertoo kuinka kaksi enkeliä odottivat Jeesusta sen jälkeen kun Hänet oli haudattu ja Hän oli ylösnoussut. Pelastumatta jääneen ihmisen taas kuollessa kaksi helvetin sanansaattajaa saapuu viemään hänet Alempaan hautaan. Yleensä kuolinvuoteellaan olevan henkilön kasvojen ilmeestä voidaan kertoa tuliko hän pelastetuksi vai ei.

Ennen kuoleman hetkeä

Ihmisten hengelliset silmät avataan ennen kuoleman hetkeä. Ihminen kuolee rauhassa hymyillen jos hän näkee valossa olevia enkeleitä eikä hänen kuollut ruuminsa jäykisty heti. Edes kahden tai kolmen päivän kuluttua tämä ruumis ei mätäne tai haise, ja henkilö näyttää siltä kuin hän olisi yhä elossa.

Kuinka kauhistuneita ja peloissaan olevia täytyykään pelastumatta jääneiden ihmisten olla heidän nähdessä helvetin kauhistuttavat sanansaattajat? He kuolevat kauhistuttavassa pelossa, kykenemättä sulkemaan silmiään.

Jos henkilön pelastuksesta ei ole varmuutta, enkelit ja helvetin sanansaattajat kamppailevat keskenään viedäkseen sielun omaan paikkaansa. Tämän tähden henkilö on levoton kuolemaansa saakka. Kuinka pelokas ja levoton hän olisikaan nähdessään helvetin sanansaattajien syyttävän häntä, toistaen jatkuvasti: "Hän ei omaa uskoa jolla pelastua"?

Heikon uskon omaavan henkilön ollessa kuolinvuoteellaan vahvan uskon omaavien ihmisen tulisi auttaa häntä saamaan lisää uskoa ylistyksen ja palvonnan kautta. Hän voi siten ottaa vastaan pelastuksen jopa kuolinvuoteellaan omaamalla uskoa, vaikka hän täten tuleekin vain vaivoin pelastetuksi ja päätyy Paratiisiin.

Sinä voit nähdä kuinka kuolinvuoteellaan oleva henkilö muuttuu rauhanomaiseksi sen johdosta, että hän saa omakseen uskon jolla pelastua ihmisten ylistäessä ja palvoessa hänen puolestaan. Vahvan uskon omaavan henkilön ollessa kuolinvuoteellaan sinun ei tarvitse auttaa häntä kasvamaan tai omaamaan uskoa. On parempi antaa hänelle uskoa ja iloa.

Odotuspaikka pahojen
henkien maailmaan

Jopa erittäin heikon uskon omaava henkilö voi tulla pelastetuksi jos hän saa kuolinvuoteellaan uskoa ylistyksen ja rukouksen kautta. Jos hän ei tule pelastetuksi, helvetin sanansaattajat vievät hänet Alempaan hautaan kuuluvaan odotuspaikkaan, ja hänen täytyy sopeutua pahojen henkien maailmaan.

Pelastuneilla sieluilla on kolme päivää aikaa sopeutua Ylemmässä haudassa, ja samalla tavoin pelastumatta jääneet sielut pysyvät suurta kuilua muistuttavassa odotuspaikassa Alemmassa haudassa.

Kolmen päivän sopeutuminen odotuspaikassa

Ylemmän haudan odotuspaikka, jossa pelastetut sielut viipyvät kolmen päivän ajan, on täynnä juhlintaa, rauhaa ja toivoa edessä olevan elämän kirkaudesta. Alemman haudan odostuspaikka on kuitenkin täysin päinvastainen paikka.

Pelastumatta jääneet sielut elävät sietämättömässä kivussa, kokien erilaisia rangaistuksia sen mukaan, mitä he ovat tässä maailmassa tehneet. He valmistautuvat odotuspaikassa elämäänsä pahojen henkien maailmassa kolmen päivän ajan ennenkuin he lankeavat Alempaan hautaan. Nämä kolme odotuspaikassa vietettyä päivää eivät ole rauhallisia, vaan ne ovat loputtoman ja kivuliaan elämän alku.

Erilaiset linnut joilla on suuret ja terävät nokat nokkivat näitä sieluja. Toisin kuin tämän maailman linnut, nämä linnut ovat erittäin rumia ja iljettäviä hengellisä olentoja.

Koska pelastumatta jääneet sielut on jo erotettu ruumiistaan, sinä voisit kuvitella että ne eivät tunne kipua. Nämä linnut voivat kuitenkin satuttaa näitä sieluja, sillä nämä odotuspaikan linnut ovat myös itsekin hengellisiä olentoja.

Lintujen nokkiessa sieluja näiden ruumiit tulevat nyljityksi ja ne repiytyvät palasiksi verta vuotaen. Sielut yrittävät väistellä nokkivia nokkia tässä kuitenkaan onnistumatta, ja he vain kamppailevat ja kyyristelevät huutaen. Joskus linnut tulevat nokkimaan heidän silmiään.

Alemman haudan eri rangaistukset eri synneille

Vietettyään kolme päivää odotuspaikassa pelastumatta jääneille sieluille määrätään eri rangaistuspaikat Alemmassa haudassa sen mukaan mitä syntejä he ovat tehneet tässä maailmassa. Taivas on erittäin tilava. Helvetti on niin tilava, että jopa Ylemmässä haudassa, joka on vain yksi helvetin osa, on lukemattomia eri paikkoja joihin pelastumatta jääneet sielut mahtuvat.

Eri rangaistuspaikat

Alempi hauta on pimeä ja kostea paikka jossa olevat sielut kärsivät hehkuvasta kuumuudesta. Pelastumatta jääneita sieluja kidutetaan jatkuvasti hakkaamalla, nokkimalla ja repimällä.

Tässä maailmassa sinun pitää elää ilman jalkaa tai kättä jos se jostain syytä leikataan pois. Kuoltuasi kaikki sinun tuskasi ja vaikeutesi kuitenkin katoavat. Alemmassa haudassa asiat ovat kuitenkin toisin, ja jos sinulta esimerkiksi katkaistaan kaula, se kasvaa itsestään takaisin. Vaikka osa sinun kehostasi leikataan pois, sinun kehosi on taas pian kokonainen. Mikään kidutus, nokkiminen tai ruumiin palasiksi repiminen ei voi saattaa tätä kidutusta päätökseen, aivan kuten terävinkään veitsi tai miekka ei voi leikata vettä.

Sinun silmäsi palautuvat ennalleen pian sen jälkeen kun linnut ovat nokkineet ne pois. Sinä palaudut ennallesi vaikka sinä olisit haavoittunut ja sisälmyksesi valuisivat ulos. Sinun vertasi vuodatetaan loputtomasti sinun ollessasi piinattavana mutta sinä et voi kuolla, sillä sinun veresi korvautuu taas nopeasti. Tämä kauhistuttava kaava toistuu toistumistaan.

Tämän tähden Alemmassa haudassa on verinen joki joka saa alkunsa sielujen verenvuodatuksesta. Muista, että henki on kuolematon. Kun sitä kidutetaan ikuisesti ja ikuisesti, sen kipu kestää yhtä ikuisesti. Sielut kerjäävät kuolemaa, mutta ne eivät voi, eikä niiden sallita, kuolla. Alempi hauta on täynnä ihmisten tuskanhuutoja, vaikerrusta sekä veristä mädäntymisen löyhkää.

Alemman haudan tuskanhuudot

Minä oletan että osa teistä on kokenut sodan. Jos näin ei ole, sinä olet silti saattanut nähdä kauhistuttavia kohtauksia sotaelokuvissa tai dokumenteissa jotka näyttävät tuskanhuutoja ja kipua. Siellä täällä on haavoittuneita ihmisiä. Heidän silmänsä ovat puhjenneet ja jopa heidän aivonsa ovat valuneet ulos. Jotkut heistä ovat menettäneet jalkansa tai kätensä. Kukaan ei tiedä milloin tykistötuli sataa hänen niskaansa. Paikka on täynnä tykistön tukahduttavaa savua, veristä hajua, vaikerrusta ja tuskanhuutoja. Ihmiset voivat kuvata tällaista näkyä "maanpäälliseksi helvetiksi."

Alemman haudan hirvittävä näky on paljon surkeampi kuin mikään näky tämän maailman taistelukentästä. Alemmassa haudassa olevat sielut eivät myöskään kärsi pelkästään senhetkisistä kidutuksista, vaan myös tulevista kidutuksista.

Tämä piina on heille liikaa ja he yrittävät turhaan paeta sitä. Heitä odottavat pelkästään Alemman helvetin hehkuvat liekit ja tulikivi.

Kuinka katuvaisia ja surkeita nämä sielut ovatkaan katsoessaan helvetin palavaa tulikiveä, sanoen: "Minun olisi pitänyt uskoa kun he julistivat evankeliumia…Minun ei olisi pitänyt tehdä syntiä..!" He eivät kuitenkaan saa toista tilaisuutta, eikä heillä ole mitään mahdollisuutta pelastua.

Lusifer Alemman haudan johdossa

On mahdotonta kuvitella Alemman haudan rangaistuksia ja niiden syvyyttä. Samalla tavalla kuin kidutustavat vaihtelevat tässä maailmassa, niin on myös Alemmassa haudassa.

Jotkut saattavat kärsiä koska heidän ruumiinsa mätänevät. Toisten ruumiit saattavat tulla syödyiksi tai purruiksi, ja ötökät ja hyönteiset saattavat imeä heidän verensä. Toiset työnnetään vasten hehkuvan kuumia kiviä, kun taas toiset joutuvat seisomaan hiekalla, jonka lämpötila on seitsemän kertaa kuumempi kuin tämän maailman rantojen tai aavikoiden hiekka. Joissain tapauksissa helvetin sanansaattajat kiduttavat sieluja henkilökohtaisesti. Toiset kidutuskeinot käyttävät vettä, tulta tai muita kuvittelemattomia tapoja ja välineitä.

Rakkauden Jumala ei ole tämän pelastumatta jääneiden sielujen paikan johdossa. Jumala on antanut pahoille hengille oikeuden hallita tätä paikkaa. Kaikkien pahojen henkien kuningas, Lusifer, hallitsee Alempaa hautaa jossa akanoiden tapaiset pelastumatta jääneet sielut tulevat pysymään. Täällä ei ole armoa tai sääliä, ja Lusifer hallitsee kaikkea Alemmassa haudassa olevaa.

Lusiferin, kaikkien pahojen henkien kuninkaan, henkilöllisyys

Kuka on Lusifer? Lusifer oli yksi arkkienkeleistä jota Jumala rakasti erittäin paljon ja jota Hän kutsui "Aamunkoiton pojaksi" (Jesaja 14:12). Tästä huolimatta hän kapinoi Jumalaa vastaan ja tuli kaikkien pahojen henkien kuninkaaksi.

Taivaan enkeleillä ei ole vapaata tahtoa tai inhimillisyyttä. Tämän tähden he eivät voi tehdä valintoja omalla mielellään ja he seuraavat käskyjä kuin robotit. Jumala kuitenkin antaa joillekin enkeleille inhimillisyyttä ja hän jakaa rakkautensa näiden kanssa. Lusifer oli yksi näistä enkeleistä, ja hän oli vastuuussa taivaallisesta musiikista. Lusifer ylisti Jumalaa kauniilla äänellään ja instrumenteilla, ja hän miellytti kovasti Jumalaa laulamalla Hänen ylistystään.

Hän muuttui kuitenkin vähitellen ylpeäksi Jumalan häntä kohtaan tunteman rakkauden tähden, ja lopulta hänen halunsa tulla korkea-arvoisemmaksi ja voimakkaammaksi kuin Jumala johti hänet kapinoimaan Jumalaa vastaan.

Lusifer haastoi Jumalan ja kapinoi Häntä vastaan

Raamattu kertoo meille, että suuri joukko enkeleitä seurasi Lusiferia (2. Piet. 2:4; Juud. 1:6). Noin kolmannes taivaan suuresta enkelijoukosta seurasi Lusiferia. Sinä voit kuvitella kuinka monta enkeliä liittyi Jumalaa vastaan ylpeydessään kapinoivan Lusiferin joukkoon.

Kuinka on mahdollista että lukuisat enkelit liittyivät Lusiferin joukkoon? Sinä voit ymmärtää miten tämä tapahtui jos sinä muistat että enkelit tottelevat komentoja samalla tavalla kuin robotit.

Ensiksi Lusifer voitti eräiden hänen vaikutusvaltansa alla olevien pääenkeleiden tuen, ja tämän jälkeen hän voitti helposti puolelleen näiden alaisina olevat enkelit.

Enkeleiden lisäksi myös lohikäärmeet ja osa kerubeista seurasivat Lusiferia kapinaan. Lopulta Jumalan haastanut Lusifer tuli lyödyksi ja hänet heitettiin seuraajineen alas taivaasta, jossa hän alunperin oli ollut. Sitten heidät vangittiin Syvyyteen missä heitä pidettiin niin kauan kunnes heitä alettiin käyttää ihmisten kasvatukseen.

Kuinka olet taivaalta pudonnut, sinä kointähti, aamuruskon poika! Kuinka olet maahan syösty, sinä kansojen kukistaja!
Sinä sanoit sydämessäsi: "Minä nousen taivaaseen, korkeammalle Jumalan tähtiä minä istuimeni korotan ja istun Korkeimman vertaiseksi." Mutta sinut heitettiin alas tuonelaan, pohjimmaiseen hautaan." (Jesaja 14:12-15)

Ollessaan taivaassa Jumalan ylitsevuotavaisen rakkauden parissa Lusifer oli sanoinkuvaamattoman kaunis. Kapinan jälkeen hän kuitenkin muuttui rumaksi ja kauhistuttavan näköiseksi.

Lusiferin hengellisillä silmillään nähneet ihmiset sanovat, että Lusifer on niin ruma, että sinä pidät häntä vastenmielisenä jos sinä vain näetkin hänet. Hän näyttää synkältä hänen sekaisen tukkansa noustessa korkealle taivaisiin punaiseksi, valkoiseksi ja keltaiseksi värjättynä.

Nykyään Lusifer johdattaa ihmisiä matkimaan hänen asuaan ja hiustyyliään. Tanssiessaan ihmiset ovat hyvin villejä, melskaavia ja rumia osoitellessaan sormillaan.

Nykypäivänä on paljon trendejä jotka Lusifer on luonut ja jotka leviävät joukkoviestinnän ja kulttuurin kautta. Nämä trendit tai muodit voivat vahingoittaa ihmisten tunteita ja johdattaa heidät kaaokseen. Lisäksi nämä muoti-ilmiöt harhaannuttavat ihmiset etäännyttämään itsensä Jumalasta ja jopa kieltämään Hänet.

Jumalan lasten tulisi olla erilaisia, eikä heidän tule langeta maailmallisiin muoti-ilmiöihin. Maailmalliset ilmiöt vievät sydämesi ja ajatuksesi pois Jumalasta, ja jos sinä lankeat maailmallisiin asioihin, sinä työnnät Jumalan rakkauden luotasi pois (1. Joh. 2:15).

Pahat henget tekevät Alemmasta haudasta hirvittävän paikan

Rakkauden Jumala on itse hyvyys. Hän valmistelee meitä varten kaiken hyvyydessään ja viisaudessaan. Hän tahtoo meidän elävän ikuisesti kauniissa taivaassa kokien täydellistä onnellisuutta. Lusifer taas on itse pahuus. Lusiferia seuraavat pahat henget yrittävät aina keksiä keinoja ihmisten pahempaan piinaamiseen. Pahassa viisaudessaan ne tekevät Alemmasta haudasta jopa vieläkin kauheamman paikan keksimällä kaikenlaisia kidutustapoja.

Jopa tässä maailmassa ihmiset ovat keksineet julmia kidutustapoja kautta koko historian. Korean ollessa Japanin vallan alla japanilaiset kiduttivat korelaisia itsenäisyyttä ajavia johtajia työntämällä bambusta tehtyjä tikkuja heidän kynsiensä alle tai kiskomalla heidän varpaan- tai sormenkyntensä yksitellen. He myös kaatoivat veden ja punaisen chili-jauheen sekoitusta itsenäisyysliikkeen johtajien silmiin ja sieraimiin näiden roikkuessa pää alaspäin katosta. Kidutuskammiot olivat täynnä puistattavaa palavan lihan hajua, sillä japanilaiset polttivat uhriensa kehonosia kuumalla metallilla. Heidän sisälmyksensä purskahtivat ulos heidän vatsoistaan, sillä heitä hakattiin niin ankarasti.

Miten ihmiset sitten piinasivat rikollisia Korean historian

aikana? Yksi keino oli vääntää rikollisten jalkoja. Rikollisen nilkat ja polvet sidottiin, ja sitten hänen sääriensä väliin työnnettiin kaksi keppiä. Piinaajien kiertäessä keppejä rikollisen sääriluut murskaantuivat palasiksi. Voitko sinä kuvitella kuinka kivuliasta tämä olisi ollut?

Ihmisten tekemien kidutusten julmuus riippuu meidän mielikuvituksestamme. Kuinka paljon julmempia ja kauheampia kidutukset olisivatkaan, jos ne ovat peräisin pahoista hengistä joiden viisaus ja kyky kiduttaa orjuutettuja sieluja on paljon suurempi? He nauttivat siitä kun he keksivät uusia kidutustapoja ja käyttävät niitä pelastumatta jääneiden sielujen piinaamiseen.

Tämän tähden sinun tulee olla tietoinen pahojen henkien maailmasta. Sitten sinä voit hallita, johtaa ja päihittää ne. Sinä voit voittaa ne helposti jos sinä pidät itsesi pyhänä ja puhtaana antautumatta tämän maailman menoon.

Helvetin sanansaattajien henkilöllisyys

Ketkä ovat nämä helvetin sanansaattajat jotka kiduttavta pelastumatta jääneitä sieluja Alemmassa haudassa? He ovat langenneita enkeleitä jotka seurasivat Lusiferia hänen kapinassaan ennen maailman alkua.

"Ja että hän ne enkelit, jotka eivät säilyttäneet valta-asemaansa, vaan jättivät oman asumuksensa, pani pimeyteen iankaikkisissa kahleissa säilytettäviksi suuren päivän tuomioon." (Juud. 1:6)

68

Langenneet enkelit eivät voi tulla vapaasti maailmaan, sillä Jumala on sitonut heidät pimeyteen Valkean valtaistuimen suureen Tuomioon saakka. Jotkut ihmiset väittävät, että demonit olisivat langenneita enkeleitä, mutta tämä ei pidä paikkaansa. Demonit ovat pelastumatta jääneitä sieluja jotka on tietyissä olosuhteissa vapautettu Alemmasta haudasta tekemään työtään. Minä käsittelen tätä yksityiskohtaisemmin luvussa 8.

Lusiferin kanssa langenneet enkelit

Jumala sitoi langenneet enkelit pimeyteen – helvettiin – Tuomioon saakka. Joten langenneet enkelit eivät voi tulla tähän maailmaan paitsi erikoistilanteissa.

Nämä enkelit olivat erittäin kauniita siihen asti kunnes he kapinoivat Jumalaa vastaan. Helvetin sanansaattajat eivät ole kuitenkaan olleet kauniita tai säihkyviä sen jälkeen kun ne lankesivat ja tulivat kirotuiksi.

Ne näyttävät niin kolkoilta että sinä tunnet iljetystä. Niiden kasvot ovat samankaltaisia ihmisten kasvojen kanssa, elleivät ne sitten pidä kasvoillaan erilaisten iljettävien eläimien näköisiä kasvonaamioita.

Niiden ulkomuoto muistuttaa Raamatussa mainittujen iljettävien eläinten –kuten sikojen – ulkomuotoa (3. Moos. 11). Ne ovat kuitenkin kirottuja, rumia ulkomuotoja. Ne myös koristelevat ruumiinsa groteskeilla väreillä ja muodoilla.

Ne ovat pukeutuneet rautahaarniskaan ja sotilassaappaisiin. Niiden vartaloihin on kiinnitetty roikkumaan teräviä kidutusinstrumentteja. Ne kantavat usein kädessään veistä, keihästä tai ruoskaa.

Ne käyttäytyvät hyvin dominoivasti, ja sinä tunnet niiden suuren vahvuuden niiden liikkuessa. Tämä johtuu siitä että niillä on täydellinen valta ja auktoriteetti pimeydessä. Ihmiset pelkäävät demoneita hyvin paljon, mutta helvetin sanansaattajat ovat paljon kauhistuttavampia kuin demonit.

Helvetin sanansaattajat kiduttavat sieluja

Mikä on sitten helvetin sanansaattajien rooli helvetissä? Pääsääntöisesti se on pelastumatta jääneiden sielujen kiduttaminen näiden saapuessa helvettiin.

Helvetin sanansaattajien suorittamat kauheimmat kidutukset on varattu ankarammin rangaistavaksi tulevien osalle Alempaan hautaan. Sanansaattajat esimerkiksi viipaloivat ruumiita ruma sikanaamari kasvoillaan tai puhaltavat ruumiin täyteen ilmapallon tavoin ja sitten puhkaisevat sen ruoskalla.

Tämän lisäksi he kiduttavat ihmisiä eri keinoin. Edes lapset eivät säästy kidutukselta. Kauheinta meidän mielestämme on se, että helvetin sanansaattajat pistelevät tai hakkaavat lapsia huvin vuoksi. Joten sinun tulisi tehdä parhaasi jottei yksikään sielu hukkuisi helvettiin joka on julma, surkea ja kauhea paikka täynnä loputonta kipua ja kärsimystä.

Seuraava tapahtui vuonna 1992 kun minä olin kuoleman porteilla liiallisen stressin ja työnteon johdosta. Tuolla hetkellä Jumala näytti minulle kuinka moni kirkkoni jäsen eli tämän maailman mukaisesti. Toivoin hartaasti voivani olla Herran kanssa kunnes näin tämän näyn. En voinut enää haluta olla Herran kanssa, sillä minä tiesin että usea lampaani tulisi lankeamaan helvettiin.

Joten minä muutin mieleni ja pyysin Jumalaa elvyttämään minut. Hetkessä Jumala antoi minulle voimaa ja yllätyksekseni minä pystyin nousemaan kuolinvuoteeltani ja tulemaan täysin terveeksi. Jumalan voima elvytti minut. Minä näin selvästi paljon asioita helvetistä, ja tämän tähden minä julistan Jumalan minulle paljastamia salaisuuksia voidakseni pelastaa edes yhden sielun lisää.

Luku 4

Pelastumatta Jääneiden Lasten Rankaiseminen Alemmassa Haudassa

Minä kuvasin edellisessä luvussa kuinka langennut arkkienkeli Lusifer hallitsee helvettiä ja kuinka muut langenneet enkelit hallitsevat Lusiferin johdon alaisena. Helvetin sanansaattajat kiduttavat pelastumatta jääneitä sieluja heidän syntiensä mukaisesti. Yleisesti ottaen Alemman haudan rangaistukset on jaettu neljään tasoon. Lievimmät rangaistukset on varattu niitä varten jotka joutuivat helvettiin omantunnon tuomion tuloksena. Raskaimmat rangaistukset ovat niitä ihmisiä varten joiden omatunnot ovat kuin poltinraudalla poltettuja ja jotka nousivat Jumalaa vastaan, kuten Juudas Iskariot joka kavalsi Jeesuksen oman etunsa tähden.

Seuraavissa kappaleissa minä selitän yksityiskohtaisesti minkälaisia rangaistuksia helvettiin kuuluvassa Alemmassa haudassa jaetaan. Ennen kuin minä syvennyn aikuisia kohtaaviin rangaistuksiin, minä tahdon puhua niistä rangaistuksista jotka kohtaavat eri-ikäisiä lapsia jotka eivät ole tulleet pelastetuiksi.

Sikiö ja Imeväinen

Jopa ajattelematon lapsi voi joutua Alempaan hautaan jos hän ei läpäise omantunnon tuomiota ei-uskovilta vanhemmiltaan perimänsä syntisen luonteen tähden. Tällainen lapsi saa osakseen suhteellisen kevyän rangaistuksen, sillä hänen syntinsä ovat lieviä verrattuna aikusten synteihin. Lapsi joutuu silti kokemaan nälkää ja sietämätöntä kipua.

Imeväiset itkevät ja kärsivät nälästä

Imeväisikäiset lapset jotka eivät osaa vielä kävellä tai puhua kuuluvat omaan ryhmäänsä jolla on erillinen ja laaja alue. He eivät osaa ajatella, liikkua tai kävellä omin avuinensa, sillä pelastumatta jääneet vauvat säilyttävät samat piirteet ja saman omantunnon minkä he omasivat kuolemansa hetkellä.

Nämä lapset eivät tiedä miksi he ovat helvetissä, sillä heillä ei ole mitään tietoutta mikä olisi rekisteröitynyt heidän aivoihinsa. He vain itkevät nälkäänsä luontonsa mukaisesti, tuntematta äitiään tai isäänsä. Helvetin sanansaattaja pistää vauvan mahaa, kättä, jalkaa, silmää, sormenkynttä tai varpaankyttä poraa muistuttavalla terävällä esineellä. Vauva päästää suustaan kimeän kirkaisun ja helvetin sanansaattaja nauraa huvittuneena. Kukaan ei pidä huolta näistä lapsista vaikka ne itkevät jatkuvasti. Niiden itku jatkuu väsymyksestä ja kovasta kivusta huolimatta. Joskus helvetin sanansaattajat lisäksi kerääntyvät lapsen ympäri, nostavat sen ilmaan ja puhaltavat sen täyteen ilmaa kuin se olisi ilmapallo. Sitten ne heittävät, potkivat tai pallottelevat vauvalla huvin vuoksi.

Kuinka kauheaa ja hirveää tämä onkaan?

Hylätyiltä sikiöiltä viedään lämpö ja mukavuudentunne

Mikä on niiden sikiöiden kohtalo jotka kuolevat ennen syntymäänsä? Useimmat niistä pelastuvat kuten minä jo selitin, mutta tähän on myös poikkeuksia. Jotkut sikiöt eivät voi tulla pelastetuiksi, sillä heidät on hedelmöitetty pahalla luonteella jonka he ovat perineet vanhemmiltaan jotka ovat kääntyneet Jumalaa vastaan ja tehneet erittäin pahoja tekoja. Myös pelastamatta jääneet sikiöt on sidottu yhteen paikkaan imeväisikäisten vauvojen tapaisesti.

Heitä ei piinata yhtä ankarasti kuin vanhempien ihmisten sieluja, sillä he eivät ole omanneet omaatuntoa tai tehneet syntiä ennen kuolemaansa. Heidän rangaistuksensa ja kirouksensa on tulla hylätyksi ilman lämpöä tai sitä mukavuudentunnetta, josta he olivat osallisia äitinsä kohdussa.

Alemman haudan kehot

Missä muodossa pelastumattomat sielut sitten ovat ollessaan Alemmassa haudassa? Jos lapsi kuolee ollessaan imeväinen, niin se tulee säilyttämään tämän ulkomuotonsa. Jos taas sikiö kuolee äitinsä kohdussa, niin se tulee olemaan sidottu Alempaan hautaan sikiön muodossa. Pelastuneet sielut saavat taivaassa uudet ylösnousseet kehot Jeesuksen Kristuksen ylösnousemuksen hetkellä, tosin näiden uusien kehojen ulkomuoto muistuttaa

75

heidän vanhaa ulkomuotoansa. Lyhyt henkilö saa kuitenkin ihannepituuden ja henkilö, jolta puuttuu jalka tai käsi, saa raajansa takaisin.

Helvetissä olevat pelastumatta jääneet sielut eivät voi kuitenkaan pukeutua uusiin kehoihinsa edes Toisen tulemisen jälkeen, sillä he eivät ole saaneet uutta elämää Jeesukselta Kristukselta, ja siten he ovat samassa muodossa kuin missä he olivat kuollessaan. Heidän kasvonsa ja kehonsa ovat ruumiiden tavoin kalpeita ja sinertäviä, ja heidän hiuksensa ovat sekaisin helvetin kauhujen tähden. Jotkut ovat pukeutuneet riepuihin ja toiset taas harvoihin vaatteisiin, kun taas toisilla ei ole mitään millä peittää itsensä.

Taivaassa pelastetut sielut pukeutuvat kauniisiin valkoisiin vaatteisiin ja kirkkaisiin kruunuihin. Tämän lisäksi heidän vaatteiden ja koristuksien kirkkaudet riippuvat henkilön kirkkaudesta ja hänen palkkioidensa määrästä. Helvetissä taas pelastumatta jääneiden sielujen ulkomuodot vaihtelevat sen mukaan kuinka suuria ja lukuisia heidän syntinsä ovat olleet.

Taaperot

Vastasyntyneet lapset kasvavat ja oppivat seisomaan, taapertamaan ja sanomaan muutamia sanoja. Minkälaiset rangaistukset kohtaavat näitä lapsia kun ne kuolevat ryömimisiässä ollessaan?

Myös taaperot erotetaan omaan paikkaansa. He kärsivät vaistomaisesti, sillä he eivät pysty vielä ajattelemaan loogisesti tai arvioimaan asioita järjellisesti kuolemansa hetkellä.

Taaperot itkevät vanhempiensa perään sietämättömässä kauhussa

Taaperot ovat vain kaksi tai kolme vuotta vanhoja. Ne eivät siis vielä tunnista kuolemaa tai ymmärrä miksi he ovat helvetissä. Ne pystyvät kuitenkin jo muistamaan isänsä ja äitinsä. Tämän tähden ne itkevät jatkuvasti: "Missä sinä olet äiti? Isä? Minä tahdon mennä kotiin! Miksi minä olen täällä?"

Eläessään tämän maan päällä näiden taaperoiden äidit tulivat kiireesti paikalle ja syleilivät heitä tiukasti rintaansa vasten jos he esimerkiksi kaatuivat ja saivat naarmuja polviinsa. Nyt heidän vanhempansa eivät tule lohduttamaan heitä vaikka he huutavat ja itkevät kun heidän kehonsa ovat yltäpäältä veren peitossa. Eivätkö lapset huudakin pelosta kyynelsilmin hukatessaan äitinsä tavaratalossa tai ruokamarketissa?

He eivät löydä vanhempiaan jotka suojelisivat heitä tältä kauhistuttavalta helvetiltä. Pelkästään tämä seikka on tarpeeksi pelottava saadakseen heidät käsittämättömän kauhun valtaan. Lisäksi helvetin sanansaattajien uhkaavat äänet ja ilkeä nauraminen saavat nämä lapset huutamaan kyynelsilmin yhä kovemmin. Kaikki tämä on kuitenkin hyödytöntä.

Helvetin sanansaattajat läimivät taaperoiden selkää ja tallaavat tai ruoskivat niitä tappaakseen aikaa. Sitten taaperot, peloissaan ja shokissa, yrittävät kyyristellä tai paeta sanansaattajien luota. Näin sankassa ihmisjoukossa taaperot eivät voi kuitenkaan paeta, ja kyynelten ja nyyhkimisen säestämänä ne törmäävät toisiinsa, tulevat tallotuiksi ja saavat mustelmia ja valuvat verta. Lapset itkevät jatkuvasti näissä kauheissa olosuhteissa. sillä he kaipaavat äitiään ja ovat nälkäisiä ja peloissaan. Yksistään nämä olosuhteet ovat näille lapsille "helvetti."

On tuskin mahdollista, että kaksi- tai kolmivuotiaat lapset olisivat tehneet vakavia syntejä tai rikoksia. Tästä huolimatta heitä rangaistaan tällä tavalla sekä heidän perisyntinsä että heidän tekemiensä syntien tähden. Kuinka paljon ankarammin helvetissä sitten rangaistaan aikuisia jotka ovat tehneet paljon vakavampia syntejä kuin lapset?

Kuka tahansa saattaa kuitenkin vapautua helvetin kärsimyksistä jos hän ottaa vastaan Jeesuksen Kristuksen, joka kuoli ristillä ja sovitti meidän syntimme, ja joka elää valossa. Tällainen henkilö voidaan johdattaa taivaaseen, sillä sekä hänen menneet, nykyiset että tulevat syntinsä on annettu anteeksi.

Lapset jotka ovat tarpeeksi vanhoja puhumaan ja kävelemään

Taaperot jotka alkavat kävellä ja puhua muutaman sanan verran oppivat puhumaan sujuvasti ja juoksemaan kolmen tai viiden ikävuoden paikkeilla. Minkälaisen rangaistuksen nämä 3-5 vuotta vanhat lapset sitten saavat osakseen Alemmassa haudassa?

Helvetin sanansaattajat jahtaavat heitä keihäin

3-5 vuotta vanhat lapset erotetaan pimeään ja tilavaan

paikkaan jonne heidät jätetään rangaistavaksi. He juoksevat kaikin voimin mihin tahansa he pääsevät päästäkseen pakoon helvetin sanansaattajia jotka jahtaavat heitä kolmipiikkiset keihäät kädessään.

Kolmipiikkinen keihäs on keihäs, jonka pää haarautuu kolmeen osaan. Helvetin sanansaattajat jahtaavat näiden lasten sieluja, lävistäen ne keihäällään kuin metsästäjä joka juoksee saaliinsa perässä. Lopulta nämä lapset saavuttavat jyrkänteen, ja kaukana alapuolellaan he näkevät vettä joka kiehuu kuin aktiivisen tulivuoen laava. Aluksi nämä lapset epäröivät hypätä jyrkänteeltä, mutta heillä ei ole muuta vaihtoehtoa välttääkseen heitä jahtaavat helvetin sanansaattajat. Heillä ei ole muuta mahdollisuutta.

Kamppailu päästä pois kiehuvasta vedestä

Lapset voivat välttää sanansaattajien käsissä olevat keihäät, mutta nyt he ovat kiehuvassa vedessä. Voitko sinä kuvitella kuinka kivuliasta tämä on? Lasten täytyy kamppailla saadakseen edes kasvonsa vedenpinnan yläpuolelle, sillä se menee heidän sieraimiinsa ja suihinsa. Sanansaattajien nähdessä tämän he kiusaavat lapsia, sanoen: "Eikö tämä olekin kivaa?" tai "Onpas tämä riemastuttavaa!" Sitten sanansaattajat huutavat: "Kuka antoi näiden lasten langeta helvettiin? Johdattakaamme nämä vanhemmat kuolemaan, tuokaamme heidät tänne ja pakottakaamme heidät katsomaan kuinka heidän lapsensa kärsivät ja ovat piinattuja!"

Sitten lapset, jotka ovat yrittäneet paeta kiehuvasta vedestä, nostetaan suurella verkolla pois vedestä kuin kalat konsanaan, ja heidät heitetään takaisin siihen paikkaan mistä he lähtivät alunperin juoksemaan. Tästä eteenpäin tämä kivulias prosessi, jossa lapset juoksevat karkuun heitä keihäin jahtaavia helvetin sanansaattajia ja sitten hyppäävät kiehuvaan veteen, toistuu kerran toisensa jälkeen ilman loppua.

Nämä lapset ovat vain 3-5 vuotta vanhoja, joten he eivät osaa vielä juosta kunnolla. Silti he yrittävät juosta mahdollisimman nopeasti voidakseen paeta heidän perässään tulevia helvetin sanansaattajia jotka jahtaavat heitä keihäin. Kun he saapuvat jyrkänteelle he hyppäävät kiehuvaan veteen ja yrittävät taas kamppailla päästäkseen siitä pois. Sitten heidät kalastetaan suurella verkolla ja viskataan takaisin aloituspaikkaan. Tämä rutiini toistuu loputtomasti. Kuinka kurjaa ja traagista tämä onkaan!

Oletko sinä koskaan polttanut sormeasi silitysraudalla tai kattilalla? Sitten sinä ehkä tiedät kuinka kivuliasta se oli. Kuvittele nyt, että koko sinun kehosi olisi kiehuvan veden kastelema tai että sinut olisi upotettu kiehuvaan veteen. Pelkästään tämän ajatteleminen on kivuliasta ja kamalaa.

Jos sinulla on koskaan ollut kolmannen asteen palovamma niin sinä muistat kuinka kivuliasta se oli. Sinä saatat kenties myös muistaa punakan lihan, palavan lihan tuoksun sekä sen kamalan hajun, joka oli peräisin palavan lihan kuolleiden solujen mätänemisestä.

Usein rumat arvet jäävät jäljelle vaikka itse palohaava parantuukin. Useimmille ihmisille ystävyyssuhteiden solmiminen on vaikeaa tällaisten arpien omaavien ihmisten kanssa. Joskus jopa uhrin perheenjäsenet eivät voi ruokailla hänen kanssaan. Hoidon aikana potilas ei aina pysty sietämään palavan lihan poisraapimista, ja pahimmissa tapauksissa tällaiselle potilaalle kehittyy henkinen sairaus tai hän saattaa jopa tappaa itsensä hoitoon kuuluvien kipujen tai polttavan tunteen tähden. Jos lapsi polttaa itsensä, myös hänen vanhempiensa sydän tuntee kipua.

Pahinkaan tämän maailman palovamma ei ole mitään verrattuna rangaistukseen, jonka pelastumatta jääneet taaperot saavat toistuvasti ja ilman loppua osakseen helvetissä. Se kivun määrä ja tämän rangaistuksen julmuus josta nämä lapset kärsivät on yksinkertaisesti meidän mielikuvituksemme ulottumattomissa.

Näitä toistuvia rangaistuksia ei voi paeta mihinkään

Lapset juoksevat juoksemistaan paetakseen helvetin sanansaattajia jotka jahtaavat heitä kolmihaaraiset keihäät käsissään ja he putoavat kiehuvaan veteen äkkijyrkältä jyrkänteeltä. He uppoavat täysin kiehuvaan veteen. Kiehuva vesi tarttuu kehoon kuin tahmea laava ja se haisee kauhealta. Vastenmielinen ja tahmea vesi löytää tiensä myös sieraimiin ja suuhun lasten yrittäessä päästä pois tästä kiehuvan veden altaasta. Kuinka tätä voitaisiin verrata mihinkään tämän maailman palovammaan, oli se sitten miten vakava tahansa?

Nöiden lasten aistit eivät tylsisty vaikka heitä piinataan jatkuvasti ilman taukoa. He eivät voi tulla hulluksi tai pyörtyä unohtaakseen, eivätkä he voi turtua kipuun edes pieneksi hetkeksi. He eivät voi tappaa itseään välttääkseen helvetin kivut. Kuinka kauheaa tämä onkaan!

Tällä tavalla 3-5 vuoden ikäiset lapset kärsivät suunnattomia kipuja Alemmassa haudassa heidän syntiensä rangaistukseksi. Voitko sinä sitten edes kuvitella minkälaisia ja kuinka suuria rangaistuksia helvetin toisissa osissa on aikuisia varten varattuna?

Lapset kuusivuotiaista kaksitoistavuotiaisiin

Minkälaisia rangaistuksia kokevat sitten pelastumatta jääneet 6-12 vuotta vanhat lapset Alemmassa haudassa?

Verisen joen hautaamia

Maailman luomisesta lähtien lukemattomat pelastumatta jääneet sielut ovat vuodattaneet vertansa Alemmassa haudassa piinattuina ollessaan. Kuinka paljon verta he ovatkaan vuodattaneet, varsinkin kun heidän kätensä ja jalkansa kasvavat takaisin aina sen jälkeen kun ne on katkaistu?

Tämä veren määrä on tarpeeksi runsas muodostaakseen joen sillä heidän rangaistuksensa toistetaan loputtomasti huolimatta siitä kuinka paljon verta on jo vuodatettu. Jopa tässä maailmassa ihmisten veri muodostaa pieniä lammikoita tai virtoja suuren sodan tai verilöylyn jälkeen. Tällaisissa tapauksissa ilma on täynnä kauhistuttavaa löyhkää joka on lähtöisin mätänevästä verestä. Kuumien kesäpäivien aikana tämä haju on voimakkaampi, ja kaikenlaiset hyönteiset parveilevat ja tarttuvat taudit muuttuvat epidemioiksi.

Helvetin Alemmassa haudassa ei ole pientä lammikkoa tai heikkoa virtaa, vaan leveä ja syvä verijoki. Kuudesta kahteentoista vuotta vanhoja lapsia rangaistaan joenpenkoilla mihin heidät haudataan. Mitä vakavampia syntejä he ovat tehneet, sitä lähemmäksi jokea ja sitä syvemmälle heidät haudataan.

Maaperän kaivaminen

Kaukana verisestä joesta olevat lapset eivät ole haudattuja maahan. He ovat silti niin nälkäisiä, että he kaivavat jatkuvasti paljailla käsillään kovaa maaperää löytääkseen jotain syötävää. He kaivavat epätoivoisesti ja turhaan kunnes he menettävät kyntensä ja heidän sormenpäänsä ovat vain tynkiä. Heidän sormensa ovat menettäneet puolet pituudestaan ja ne ovat yltäpäältä veren peitossa. Jopa heidän luunsa ovat paljastuneita sormien päissä. Lopulta heidän kämmenensä ovat yhtä turmeltuneita kuin heidän sormensa. Tästä kivusta huolimatta nämä lapset eivät voi muuta kuin kaivaa, toivoen löytävänsä ruokaa.

Mitä lähemmäksi jokea sinä menet, sitä helpommin sinä saatat erottaa että lapset ovat täällä pahempia. Maahan vyötäisiinsä saakka haudattuina he jopa tappelevat keskenään purrakseen toistensa lihaa epätoivoisessa nälässään.

Kaikista pahimpia lapsia rangaistaan aivan joen rannassa, mihin heidät on haudattu kaulaan saakka. Tässä maailmassa ihmiset tulevat lopulta kuolemaan jos heidät haudataan maahan kaulaa myöten, sillä heidän verensä ei pysty kiertämään koko kehon ympäri. Helvetissä ei ole ollenkaan kuolemaa, ja tämä tarkoittaa sitä, että siellä oleville pelastumatta jääneille sieluille ei ole jäljellä mitään muuta kuin loputonta tuskaa.

He kärsivät joesta nousevasta etovasta löyhkästä. Kaikenlaiset haitalliset hyönteiset kuten hyttyset ja kärpäset tulevat joelta ja purevat lasten kasvoja. He eivät voi kuitenkaan mitään näille hyönteisille, sillä heidät on haudattu maahan. Lopulta heidän kasvonsa ovat niin turvonneita, että ne eivät ole enää tunnistettavissa.

Onnettomat lapset: helvetin sanansaattajien leluja

Tämä ei ole kuitenkaan lasten kärsimysten loppu. Heidän tärykalvonsa saattavat puhjeta helvetin sanansaattajien nauraessa kovaäänisesti heidän levätessään joenpenkalla toistensa kanssa nauraen ja jutellen. Levätessään helvetin sanansattajat myös tallovat tai istuvat näiden maahan haudattujen lasten päiden päällä.

Helvetin sanansaattajien vaatteisiin ja kenkiin kuuluu teräviä esineitä. Joten sanansaattajien talloessa tai istuessa näiden lasten päällä heidän päänsä tulevat murskatuiksi, heidän kasvonsa viilletyiksi ja heidän hiuksiansa revitään pois tupoittain. Lisäksi sanansaattajat viiltelevät lasten kasvoja ja tallaavat heidän päitään jalkojensa alle. Kuinka julma tämä rangaistus onkaan?

Sinä saatat ihmetellä, "Onko mahdollista että ala-asteikäiset lapset olisivat tehneet tarpeeksi pahoja syntejä ansaitakseen näin julman rangaistuksen?" Huolimatta siitä kuinka nuoria nämä lapset ovat, he kantavat sisällään sekä perisyntiä että muita tekemiään syntejä. Hengellinen laki sanoo, että "synnin palkka on kuolema", ja tämä pätee jokaiseen henkilöön heidän iästään huolimatta.

Profeetta Elisaa pilkanneet nuoret

2. Kun. 2:23-24 kuvaa tilanteen jossa profeetta Elisa meni Jerikosta Beeteliin. Profeetan kulkiessa tietä pitkin joukko nuoria tuli kaupungista ja alkoi pilkkaamaan häntä, sanoen: "Tule ylös, kaljupää!" Kun Elisa ei enää kestänyt tätä hän kirosi nämä lapset. Kaksi naaraskarhua tuli ja raateli 42 näistä lapsista. Mitä sinä luulet tapahtuneen näille 42:lle lapselle Alemmassa haudassa?

Kaulaan asti haudattuja

Kaksi naaraskarhua raateli 42 lasta. Sinä voit siis kuvitella kuika monen lapsen on täytynyt seurata ja pilkata profeettaa. Elisa ei ollut profeetta joka olisi tehnyt monia voimallisia Jumalan tekoja. Toisin sanoen, Elisa ei olisi voinut kirota heitä jos he olisivat pilkanneet häntä vain muutamalla sanalla.

He jatkoivat hänen seuraamistaan ja pilkkaamistaan, sanoen: "Tule ylös, kaljupää!" He lisäksi heittelivät häntä kivillä ja pistelivät häntä kepillä. Profeetta Elisan on täytynyt nuhdella ja torua heitä ensin ennenkuin hän kirosi heidät sen tähden että he olivat liian pahoja voidakseen saada anteeksi.

Tämä kaikki tapahtui monta tuhatta vuotta sitten, jolloin ihmisten omatunnot olivat paljon parempia, eikä pahuus ollut yhtä yleistä kuin mitä se on nykyään. Näiden lasten on täytynyt olla tarpeeksi pahoja pilkatakseen ja haukkuakseen vanhaa Elisan kaltaista profeettaa joka teki Jumalan voimallisia tekoja.

Näitä lapsia rangaistaan Alemmassa haudassa missä heidät on haudattu kaulaansa myöten verisen joen rannalle. Joesta nousevat kammottavat höyryt tukahduttavat heitä ja lisäksi kaikenlaiset hyönteiset purevat heitä. Tämän lisäksi helvetin sanansaattajat piinaavat heitä julmasti.

Vanhempien täytyy ohjata lapsiaan

Kuinka lapset käyttäytyvät meidän aikanamme? Jotkut heistä jättävät ystävänsä ulos kylmään, ottavat heidän lounasrahansa, hakkaavat heitä ja jopa polttavat heitä savukkeilla – kaikki tämä vain sen tähden että he eivät pidä näistä toisista lapsista. Jotkut lapset jopa tekevät itsemurhia koska he eivät enää kestä tällaista jatkuvaa kiusaamista. Toiset lapset muodostavat järjestäytyneitä jengejä ollessaan vasta ala-asteella ja jopa tappavat ihmisiä kuuluisia rikollisia imitoiden.

Joten vanhempien tulisi kasvattaa lapsensa tavalla, joka estää heitä mukautumasta tämän maailman tapoihin ja joka johdattaa heidät kehittymään ja elämään uskollisen elämän Jumalaa peläten. Kuinka pahoillasi sinä tuletkaan olemaan, jos sinä astut taivaaseen ja näet kuinka sinun lastasi piinataan helvetissä? Tämä on liian kauheata edes ajatella.

Joten sinun tulisi kasvattaa kallisarvoinen lapsesi elämään uskossa totuuden mukaisesti. Sinun tulisi esimerkiksi opettaa lastasi olemaan puhumatta tai juoksematta jumalanpalveluksen aikana sekä ohjastaa häntä rukoilemaan ja ylistämään kaikella sydämellä ja sielulla. Jopa vauvat, jotka eivät ymmärrä mitä heidän äitinsä sanovat, nukkuvat tkemättä palveluksen aikana jos heidän äitinsä rukoilevat heidän puolestaan ja kasvattavat heitä uskossa. Myös nämä vauvat palkitaan taivaassa käytöksensä johdosta.

Kolmannesta tai neljännestä ikävuodesta eteenpäin lapset voivat palvoa Jumalaa ja rukoilla jos heidän vanhempansa tekevät siitä säännön. Rukouksen syvyys voi vaihdella iästä riippuen. Vanhemmat voivat opettaa lapsiaan lisäämään rukouksen pituutta pikku hiljaa, esimerkiksi viidestä minuutista kymmeneen ja kolmeenkymmeneen minuuttiin, tuntiin ja niin edelleen.

Nuoruudestaan huolimatta nämä lapset yrittävät usein noudattaa Jumalan sanaa ja elää Jumalaa miellyttävällä tavalla jos heidän vanhempansa opettavat heille sanaa heidän ikänsä ja ymmärryksen tasonsa mukaisesti ja ohjaavat heitä elämään sen mukaisesti. He myös katuvat ja tunnustavat syntinsä kyynelsilmin kun Pyhä Henki tekee työtään heidän kanssaan. Minä kehotan sinua opettamaan heille kuka Jeesus Kristus on ja johdattamaan heidät kasvamaan uskossaan.

Luku 5

Rangaistukset Ihmisille Jotka Kuolevat Murrosiän Jälkeen

Kaikki taivaaseen astuvat ihmiset tulevat saaamaan osakseen erilaisia palkkioita ja kunnioita tämän elämän tekojen mukaisesti. Alemmassa haudassa taas ihmisiä rangaistaan erilaisilla rangaistuksilla heidän tässä maailmassa tekemiensä pahojen tekojen mukaan. Helvetissä ihmiset kärsivät hirvittävistä määristä kipua. Tämän kivun ja tuskan määrä vaihtelee henkilöstä toiseen heidän tämän maailman tekojensa mukaan. Ihminen korjaa mitä hän on kylvänyt, joutui hän sitten helvettiin tai ei.

Mitä enemmän syntejä sinä olet tehnyt, sitä syvempään helvetin osaan sinä joudut, ja mitä raskaampia sinun syntisi ovat, sitä kalvavampaa sinun kipusi siellä tulee olemaan. Rangaistusten vakavuudet päätetään sen mukaan kuinka paljon ihminen on Jumalan sydämen vastainen, tai kuinka paljon ihminen on Lusiferin syntisen luonteen mukainen.

Galatalaiskirje 6:7-8 kertoo meille: *"Älkää eksykö, Jumala ei salli itseänsä pilkata; sillä mitä ihminen kylvää, sitä hän myös niittää. Joka lihaansa kylvää, se lihasta turmeluksen niittää; mutta joka Henkeen kylvää, se Hengestä iankaikkisen elämän niittää."* Tämän mukaisesti sinä tulet totisesti korjaamaan mitä sinä olet kylvänyt.

Miten sitten Alemmassa haudassa rangaistaan ihmisiä jotka kuolivat murrosiän jälkeen? Tässä luvussa minä tulen puhumaan Alemman haudan neljästä rangaistuksen eri tasosta, jotka ihmiset kohtaavat tämän maailman tekojensa mukaisesti. Toivottavasti sinä ymmärrät, että minä en voi paljastaa graafisia yksityiskohtia, sillä muuten sinun pelkosi määrä saattaisi kasvaa entistäkin painavammaksi.

Rangaistuksen ensimmäinen taso

Jotkut sielut joutuvat seisomaan hiekalla, joka on seitsemän kertaa kuumempi kuin tämän maailman aavikoiden tai rantojen hiekat. He eivät voi paeta kärsimyksiä, sillä he ovat kuin keskelle aavikkoa eksyneet.

Oletko sinä koskaan kävellyt kuumana kesäpäivänä polttavassa hiekassa paljain jaloin? Sinä et voi sietää kuumana kesäpäivänä paljain jaloin rannalla kävelemisestä aiheutuvaa kipua edes kymmenen tai viidentoista minuutin ajan. Maailman trooppisten alueiden hiekat ovat vieläkin kuumempia. Pidä mielessäsi, että Alemman haudan hiekka on seitsemän kertaa kuumempaa kuin tämän maailman kuumimmat hiekat.

Pyhiinvaellusmatkani aikana Pyhään maahan minä yritin juosta päällystettyä tietä pitkin Kuolleeseen mereen sen sijaan että olisin noussut vaunun kyytiin. Kahden muun pyhiinvaeltajan kanssa minä aloin juosta nopeasti kohti merta. Aluksi minä en tuntent kipua, mutta noin puolessa välissä minä tunsin polttavaa tunnetta molemmissa jalkapohjissani. Me tahdoimme paeta kärsimyksiämme mutta meillä ei ollut mitään paikka mihin paeta; molemminpuolin tietä oli vain soraa joka oli yhtä kuumaa kuin tie, jonka päällä me olimme.

Lopulta me juoksimme tien toiseen päähän jossa me saatoimme liottaa jalkojamme läheisen uima-altaan viileässä vedessä. Onneksi kukaan meistä ei polttanut itseään. Tämä juoksu ei kestänyt kuin kymmenen minuuttia mutta silti se aiheutti lähes sietämätöntä kipua. Kuvittele, että sinut *pakotettaisiin* seisomaan hiekassa, joka on seitsemän kertaa kuumempaa kuin mikään tämän maailman hiekka *ikuisesti*. Tämä rangaistuksen lievennys tai päättyminen ei ole mahdollista, oli kuuma hiekka sitten kuinka sietämätöntä tahansa. Silti tämä on kaikista Alemman haudan rangaistuksista lievin.

Toista sielua kidutetaan toisella tavalla. Hänen on pakko maata raskaan, hehkuvan kuumaksi kuumennetun kiven päällä, ja hänen rangaistuksensa on tulla kärvennetyksi ikuisesti ilman loppua. Tämä näkymä muistuttaa grillissä kärventyvää lihaa. Sitten toinen hehkuvaksi kuumennettu kivi tiputetaan hänen ruumiinsa päälle, ja tämä kivi murskaa sen ja kaiken sen sisällä olevan. Kuvittele kangasta jota sinä silität. Silitysrauta on kivi jonka päällä kangas – piinattu sielu – lepää, ja silitysrauta on toinen kivi joka painetaan kankaan päälle.

Kuumuus on tämän kidutuksen yksi osa; murskaantuvat ruumiinosat toinen. Kivien välinen paine murskaa raajat palasiksi. Paine on tarpeeksi voimakas rikkomaan kylkiluut ja sisäelimet. Kallon murskautuessa silmämunat pullahtavat ulos ja kallonsisäiset nesteet purskahtavat ulos.

Kuinka tätä kärsimystä voidaan kuvata? Vaikka sielulla ei olekaan fyysistä muotoa, se voi silti tuntea ja kärsiä kivuista hirvittävästi aivan kuten tässäkin maailmassa. Sielu on pysyvässä tuskassa. Tämä sielu on muiden piinattujen sielujen kivunhuutojen ympäröimä, ja pelosta ja kauhusta jäykkänä se vaikeroi ja suree: "Kuinka minä voin paeta tätä piinaa?"

Rangaistuksen toinen taso

Me saamme esimakua Alemman haudan kurjuudesta lukemalla Luukaksen jakeissa 16:19-31 olevan rikkaan miehen ja Lasaruksen tarinan. Pyhän Hengen voiman kautta minä olen kuullut kuinka Alemmassa haudassa piinattuna oleva mies vaikeroi. Minä rukoilen että sinä heräät hengellisestä unestasi kuunnellessasi seuraavaa tunnustusta.

Minua raahataan täällä ympäriinsä
ilman loppua.
Minä juoksen ja juoksen mutta loppua ei näy.
En voi löytää mistään piilopaikkaa.
Minun ihoni kuoritaan tässä paikassa pois,
paikassa joka on täynnä kauheaa löyhkää.
Hyönteiset syövät minun lihaani.
Minä yritän ja yritän paeta niitä,
ja silti minä päädyn aina samaan paikkaan.
Vieläkin ne purevat ja syövät ruumistani;

ja ne imevät minun vertani.
Minä vapisen pelosta ja kauhusta.
Mitä minä voin tehdä?

Ole hyvä, minä rukoilen sinua
Anna ihmisten tietää mitä minulle tapahtuu
Kerro heille piinastani
Jotta he eivät päätyisi tänne.
Minä en todellakaan tiedä mitä tehdä.
Tämä hirvittävän pelon ja kauhun alla
Minä en voi kuin vaikeroida.
Pakopaikan etsiminen on turhaa.
Ne raapivat minun selkääni.
Ne purevat minun käsivarsiani.
Ne kuorivat minun ihoani.
Ne syövät minun lihaksiani.
Ne imevät minun vertani.
Kun kaikki tämä on ohitse,
Minut heitetään tuliseen järveen.
Mitä minä voin tehdä?
Mitä minä tulen tekemään?

Vaikka minä en uskonut Jeesukseen Pelastajaani,
Minä luulin omaavani hyvän omantunnon
Ennenkuin minut heitettiin Alempaan hautaan
En edes tajunnut että olin tehnyt niin paljon syntiä!
Nyt minä voin vain katua katumistani
Tekemiäni asioita.

Ole hyvä, pidä huolta
Ettei kaltaisiani ihmisiä tulisi enää olemaan.
Monet täällä olevat ihmiset,
Luulivat eläessään elävänsä hyvää elämää
Silti he ovat kaikki täällä.
Monet jotka tunnustivat uskovansa
Ja jotka luulivat että he elivät
Jumalan tahdon mukaan ovat myös täällä,
Ja heitä kidutetaan minuakin julmemmin.

Toivon että voisin pyörtyä unohtaakseni kärsimykseni
Edes hetkeksi. Mutta minä en voi.
Minä en voi levätä vaikka minä suljen silmäni.
Kun minä avaan silmäni
Minä en näe mitään enkä minä pysty erottamaan mitään.
Minä yritän juosta pois sinne ja tänne
Mutta olen silti samassa paikassa.
Mitä minä voin tehdä?
Mitä minun pitäisi tehdä?
Minä rukoilen, pidä huolta,
Että kukaan muu
Ei seuraa minun jalanjäljissäni.

Tämä mies on sangen hyvä mies verrattuna moniin muihin Alemmassa haudassa oleviin. Hän anoo Jumalaa kertomaan muille mitä hänelle tapahtuu. Jopa tämän ankaran piinan keskellä hän on huolestunut muista sieluista jotka saattaisivat joutua sinne. Rikas mies rukoili veljiensä puolesta jotta heitä varoitettaisiin, niin etteivät hekin eivät joutuisi "tähän vaivan paikkaan" (Luukas 16), ja myös tämä mies rukoilee Jumalaa rikkaan miehen tavoin.

Ne, jotka lankeavat Alemman haudan kolmannen tai neljännen tason rangaistuksiin eivät kuitenkaan omaa tällaista hyvyyttä. Joten he haastavat Jumalan ja syyttävät toisiaan ankarasti.

Faaraon rangaistus

Egyptin kuningasta, faaraota, joka vastusti Moosesta, rangaistaan toisen tason rangaistuksella, mutta hänen rangaistuksensa suuruus on lähempänä kolmannen tason rangaistusta.

Minkälaista pahaa faarao teki tässä maailmassa ansaitakseen tällaisen rangaustuksen? Miksi hänet lähetettiin Alempaan hautaan?

Israelin kansan ollessa orjuutettuina Jumala kutsui Mooseksen toimittamaan Hänen kansansa Egyptistä ja johdattamaan heidät Kanaanin Luvattuun maahan. Mooses meni faaraon eteen ja pyysi häntä päästämän kansansa Egyptistä. Faarao kuitenkin ymmärsi Israelin kansan orjatyön arvon, ja niin hän kielsi heitä menemästä.

Jumala lähetti Mooseksen kautta kymmenen vitsausta faaraon, hänen virkamiestensä ja hänen kansansa vitsaukseksi. Niilin vesi muuttui vereksi. Sammakot, sääsket ja kärpäset peittivät hänen maansa. Tämän lisäksi faarao ja hänen kansansa kärsivät karjarutosta, paiserutosta, rakeista, tuholaisista sekä pimeydestä. Joka kerta kun faarao kärsi vitsauksesta, hän lupasi Moosekselle päästävänsä Israelin kansan menemään välttyäkseen tulevilta vitsauksilta. Faarao kuitenkin rikkoi lupauksensa ja kovetti toistuvasti sydämensä. Joka kerta kun tämä tapahtui Mooses rukoili Jumalaa, ja Hän veti vitsaukset pois maan päältä. Vasta sen jälkeen kun Egyptin jokainen esikoispoika aina kruununperillisestä orjien poikiin ja karjan esikoisiin asti oli kuollut, antoi faarao lopulta Israelin kansan lähteä.

Pian viimeisen ruton jälkeen faarao kuitenkin muutti taas mieltään. Hän ja hänen armeijansa lähtivät Punaisen meren rannalle leiriytyneiden israelilaisten perään. Israelilaiset olivat kauhuissaan ja huusivat Jumalaa. Mooses kohotti sauvansa ja ojensi kätensä Punaisen meren ylle. Tällöin tapahtui ihme. Punainen meri jakautui kahtia Jumalan voimasta. Israelilaiset ylittivät Punaisen meren kuivaa maata pitkin ja egyptiläiset seurasivat heitä mereen. Mooseksen nostaessa jälleen kätensä merta kohti sen toiselle puolelle päästyään *"vedet palasivat ja peittivät sotavaunut ja ratsumiehet, koko faraon sotajoukon, joka oli seurannut heitä mereen; ei yksikään heistä pelastunut"* (Exodus 14:28).

Monet hyväluonteiset kuninkaat uskoivat Jumalaan ja palvoivat Häntä. Faaraolla oli kuitenkin kovettunut mieli siitä huolimatta, että hän oli todistanut Jumalan voimia kymmenen kertaa. Tämän johdosta faarao koki useita katastrofeja, kuten esimerkiksi hänen esikoispoikansa kuoleman sekä hänen armeijansa ja maansa tuhon.

Nykyään monet ihmiset kuulevat Kaikkivaltiaasta Jumalasta ja todistavat Hänen voimaansa. He kuitenkin kovettavat sydämensä faaraon tavoin. He eivät ota Jeesusta vastaan henkilökohtaiseksi Pelastajakseen. Lisäksi he kieltäytyvät katumasta syntejään. Mitä heille tapahtuu jos he jatkavat tällä tavalla elämistä? Lopulta he tulevat saamaan osakseen samanlaisen rangaistuksen kuin faarao Alemmassa haudassa.

Mitä faaraolle tapahtuu Alemmassa haudassa?

Jäteveteen kahlittu faarao

Faarao on vangittu hirveästi löyhkäävään jätevesilammikkoon. Hänen ruumiinsa on kahlittu altaaseen niin että hän ei voi liikkua. Hän ei ole ainoa lammikossa oleva, vaan myös muut sielut ovat joutuneet lammikkoon samankaltaisten syntien johdosta.

Se, että hän oli ennen kuningas ei suo hänelle parempaa kohtelua Alemmassa haudassa. Päinvastoin, helvetin sanansaattajat pilkkaavat ja kiduttavat faaraota entistä enemmän hänen aikaisemman valta-asemansa ja ylpeytensä tähden, ja sen tähden kuinka häntä palveltiin ja kuinka hän eli yltäkylläistä elämää.

Lammikko, johon faarao on joutunut, ei ole pelkästään jätevettä. Oletko sinä koskaan nähnyt saastuneita ja mäteneviä vesistöjä tai viemäreitä? Entä sitten satamia joihin laivat kiinnittäytyvät? Tämänkaltaiset paikat ovat täynnä polttoainetta, roskaa ja löyhkää. Tuntuu mahdottomalta ajatella että mikään voisi elää tällaisessa ympäristössä. Jos sinä kastaisit kätesi tällaiseen veteen sinä pelkäisit että sinun ihosi saastuisi kaikenlaisen vedessä olevan saastaisen aineksen tähden. Tällaisesta paikasta faarao löytää itsensä. Tämän lisäksi allas on täynnä kaikenlaisia kammottavia hyönteisiä. Ne ovat kuin toukkia mutta paljon suurempia.

Hyönteiset nakertavat ruumiin pehmeitä osia

Nämä hyönteiset lähestyvät lammikoon kahlittuja sieluja ja alkavat ensin syödä ruumiiden pehmeitä osia. Ne purevat niiden silmiä ja ryömivät silmäkuoppien kautta kallon sisään, missä ne alkavat syödä itse aivoja. Voitko sinä kuvitella kuinka kivuliasta tämä on? Lopulta ne nakertavat kaikkea pään ja varpaiden välillä. Mihin me voisimme verrata tätä tuskaa?

Kuinka kivuliasta on saada silmiinsä pölyä? Kuinka paljon kivuliaampaa olisi jos hyönteiset nakertaisivat sinun silmiäsi? Luuletko sinä, että sinä voisit sietää kipua joka aiheutuu siitä, että nämä hyönteiset kaivautuvat koko sinun ruumisi läpi?

Kuvittele, että sinun kynsiesi alle työnnetään neula tai että sinun sormepäitäsi pistetään neulalla. Nämä hyönteiset kuorivat sinun ihosi pois ja kaapivat hitaasti sinun lihaksiasi kunnes sinun luusi paljastuvat. Nämä hyönteiset eivät kuitenkaan pitäydy sinun käsissäsi. Nopeasti ne siirtyvät käsivarsiasi pitkin olkapäihisi ja alas rinnustaasi pitkin vatsalle, jalkoihin ja pakaroihin. Kahlitut sielut joutuvat kärsimään tästä johtuvaa kidutusta ja tuskaa.

Hyönteiset nakertavat toistuvasti sisäelimiä

Toukan nähdessään useimmat naiset pelkäävät sitä eivätkä he tahdo koskettaa sitä. Kuvittele sitten kuinka nämä paljon kammottavammat ja toukkia suuremmat hyönteiset pistävät tuomittuja sieluja. Ensiksi hyönteiset lävistävät heidän ruumiinsa vatsan kohdalta. Seuraavaksi ne alkavat nakertaa lihaa heidän suolista ja sisälmyksistä. Sitten hyönteiset imevät aivojen nesteet. Koko tänä aikana tuomitut sielut eivät pysty ajamaan niitä pois. liikkumaan tai pakenemaan näitä kammottavia hyönteisiä.

Hyönteiset jatkavat ruumiiden syömistä vähitellen näiden sielujen seuratessa kuinka heidän ruumiinosiaan pureskellaan ja nakerretaan. Me tulisimme hulluiksi jos meitä kidutettaisiin tällä tavalla kymmenen minuutin ajan. Yksi niistä kurjista sieluista jotka on vangittu tähän kauheaan paikkaan on faarao, joka nousi Jumalaa ja Hänen palvelijaansa Moosesta vastaan. Hän kärsii tästä kauheasta kivusta ollessaan täysin hereillä, todistaen ja tuntien kuinka hänen ruumiinsa osia syödään ja kaavitaan.

Loppuuko kidutus sitten, kun hyönteiset ovat nakertaneet sielun ruumiin kertalleen läpi? Ei. Pian kaikki nämä nakerretut ja kaavitut ruumiinosat ovat täysin palautuneita ja hyönteiset kiiruhtavat takaisin sielun luokse, nakertaen eri ruumiinosia. Tälle ei ole loppua eikä tätä voida keskeyttää. Kipu ei vähene eikä faarao totu – ja siten turru – kidutukseen.

Tällä tavoin hengellinen maailma toimii. Kun taivaassa Jumalan lapset syövät puusta hedelmän tämä hedelmä kasvaa takaisin. Samalla tavalla Alemmassa haudassa kaikki sinun ruumiisi osat palautuvat ennalleen heti sen jälkeen kun ne ovat murskautuneet tai hajonneet siitä huolimatta kuinka, monta kertaa hyönteiset ovat nakertaneet sinun ruumiinosiasi.

Vaikka henkilö eli rehellisen ja tunnollisen elämän

Rehellisten ihmisten joukossa on ihmisiä, jotka eivät tahdo hyväksyä tai jotka valitsevat olla hyväksymättä Jeesusta ja evankeliumia. Ulkoapäin he vaikuttavat olevan hyviä ja jaloja, mutta totuuden mukaan he eivät ole hyviä tai jaloja.

Galatalaiskirje 2:16 muistuttaa meitä, että *"koska tiedämme, ettei ihminen tule vanhurskaaksi lain teoista, vaan uskon kautta Jeesukseen Kristukseen, niin olemme mekin uskoneet Kristukseen Jeesukseen tullaksemme vanhurskaiksi uskosta Kristukseen eikä lain teoista, koska ei mikään liha tule vanhurskaaksi lain teoista."* Vanhurskas mies on sellainen, joka voidaan pelastaa Jeesuksen Kristuksen nimen tähden. Vasta sitten kaikki hänen syntinsä voidaan antaa anteeksi hänen uskonsa Jeesukseen Kristukseen kautta. Jos hän uskoo Jeesukseen Kristukseen, niin hän myös varmasti noudattaa Jumalan sanaa.

Ihminen ei ole mitään muuta kuin kovan omantunnon omaava paha ihminen, jos hän kieltää kaikkivaltiaan Jumalan siitä huolimatta, että on runsaasti todisteita siitä, että Jumala on luonut maailmankaikkeuden ja että Hänen palvelijansa ovat teoillaan osoittaneet Hänen ihmeitään ja voimaansa.

Hänen omasta näkökulmastaan hän on saattanut elää rehellisen elämän. Hän ei voi kuitenkaan mennä mihinkään muualle kuin helvettiin jos hän jatkaa kieltämästä Jeesuksen olevan hänen henkilökohtainen Pelastajansa. Tällaiset ihmiset saavat kuitenkin osakseen joko Alemman haudan ensimmäisen tai toisen tason rangaistuksen, sillä he ovat eläneet verrattain hyviä ja rehellisiä elämiä verrattuna niihin pahoihin yksilöihin, jotka tekivät niin paljon syntiä kuin vain halusivat syntisiä halujaan seuraten.

Suurin osa ihmisistä jotka kuolevat ilman että he ovat saaneet mahdollisuutta ottaa evankeliumia vastaan saavat osakseen ensimmäisen tai toisen tason rangaistuksen jos he eivät läpäise omantunnon tuomiota. Sielun, joka saa osakseen Alemman haudan kolmannen tai neljännen tason rangaistuksen on täytynyt olla siis paljon muita pahempi ja ilkeämpi.

Rangaistuksen kolmas taso

Rangaistuksen kolmas ja neljäs taso on varattu niille, jotka kääntyivät Jumalaa vastaan, antoivat omantuntonsa tulla karaistuksi, haukkuivat ja pilkkasivat Pyhää Henkeä ja vastustivat Jumalan kirkon laajenemista ja perustamista. Lisäksi kaikki, jotka ovat pitäneet Jumalan kirkkoja 'harhaoppisina' ilman todisteita, saavat osakseen kolmannen tai neljännen tason rangaistuksen.

Ennenkuin me syvennymme Alemman haudan kolmannen tason rangaistuksiin, tutkikaamme lyhyesti ihmisten keksimiä kidutuskeinoja.

Julmat ihmisten keksimät kidutuskeinot

Aikana, jolloin ihmisoikeudet olivat enemmänkin

unelmia kuin osa jokapäiväistä elämää, keksittiin suuri joukko rangaistuskeinoja, erilaiset kidutus- ja teloituskeinot mukaanlukien.

Esimerkiksi keskiajan Euroopassa vanginvartijat veivät vangin kellariin kiristääkseen hänestä tunnustuksen. Matkalla alas vanki näki lattialla veritahroja, ja huoneeseen päästyään hänelle näytettiin kaikenlaisia kidutukseen käytettäviä instrumentteja. Hän kuuli kestämättömiä huutoja jotka kaikuivat rakennuksen läpi ja saivat hänet lamaantumaan.

Yksi yleisimmistä kidutuskeinoista oli vangin (tai kenen tahansa muun kidutettavan) sormien ja varpaiden laittaminen pieniin metallikehikkoihin. Näitä metallikehikkoja kiristettiin kunnes hänen sormensa ja varpaansa murskaantuivat. Sitten hänen kyntensä tai varpaankyntensä revittiin irti yksi kerrallaan samalla kun kehikoita kiristettiin vähitellen.

Siinä tapauksessa että vanki ei tunnustanut tämän jälkeen, häntä roikutettiin ilmassa niin että hänen kätensä oli taivutettu taaksepäin, ja hänen ruumistaan kiskottiin joka suuntaan. Tähän tuskaan lisättiin ylimääräistä kipua nostamalla hänet ilmaan ja tipputtamalla hänet maahan eri korkeuksista. Pahimmillaan vangin nilkkaan sidottiin painava rautapaino hänen vielä roikkuessa ilmassa. Tämän raudan paino oli tarpeeksi repiäkseen kaikki vangin lihakset ja luut. Vieläkin kauheampia ja kivuliaampia kidutuskeinoja käytettiin jos vanki ei vieläkään tunnustanut.

Vanki istutettiin tuoliin joka oli erikseen suunniteltu kidutusta varten. Istuin, sen selkänoja ja sen jalkojen etuosat olivat täynnä tiheästi aseteltuja piikkejä. Nähdessään tämän pelottavan esineen vanki yritti paeta henkensä edestä mutta häntä paljon suuremmat ja vahvemmat vanginvartijat pakottivat hänet tähän tuoliin. Hetkessä vanki tunsi kuinka piikit lävistivät hänen kehonsa.

Toinen tapa kiduttaa vankia oli roikuttaa häntä ylösalaisin. Tunnin jälkeen hänen verenpaineensa kohosi räjähdysmäisesti, aivoissa olevat verisuonet puhkesivat ja veri valui ulos hänen aivoistaan hänen silmien, nenän ja korvien kautta. Hän ei voinut enää nähdä, haistaa tai kuulla.

Joskus vankien alistamiseen käytettiin tulta. Vartija lähestyi vankia palavan kynttilän kanssa. Hän toi kynttilän vangin kainaloihin tai jalkapohjiin. Kainaloita poltettiin, sillä ne ovat yksi ihmisruumiin herkimmistä alueista, kun taas jalkapohjat valittiin sen tähden että niiden parantuminen kestää kaikista pisimmän aikaa.

Toisinaan epäillyt joutuivat pitämään paljaissa jaloissaan kuumennettuja rautasaappaita. Sitten kiduttaja repi palaneen lihan pois. Tai sitten kiduttaja repi vangin kielen pois tai poltti hänen kitalakensa kuumilla pihdeillä. Jos vanki tuomittiin kuolemaan, hänet heitettiin pyöräntapaiseen runkoon joka murskasi ruumiin palasiksi. Nopea pyörimisliike repi ruumiin palasiksi vangin ollessa yhä elävä ja tajuissaan. Toisinaan vankeja teloitettiin kaatamalla sulaa lyijyä heidän sieraimiinsa ja korviinsa.

Monet vangit lahjoivat kiduttajia tai vanginvartijoita saadakseen nopean ja kivuttoman kuoleman, sillä he tiesivät että he eivät sietäisi kidutuksen piinaa.

Nämä ovat vain muutamia ihmisten keksimistä kidutuskeinoista. Pelkästään näiden kuvitteleminen jättää meidät näiden mielikuvien pelottelemaksi. Sinä voit olettaa, että Lusiferin tiukan johdon alaisena olevien helvetin sanansaattajien kidutukset ovat paljon tuskallisimpia kuin mitkään ihmisten keksimät kidutuskeinot. Helvetin sanansaattajilla ei ole myötätuntoa, ja ne ilahtuvat ainostaan silloin kun ne kuulevat kuinka sielut huutavat ja vaikeroivat peloissaan Alemmassa haudassa. Ne yrittävät aina keksiä julmempia ja kivuliaampia kidutustapoja joilla piinata näitä sieluja.

Onko sinulla varaa mennä helvettiin? Onko sinulla varaa nähdä kuinka sinun rakkaimpasi, sinun perheesi ja ystäväsi ovat helvetissä? Kaikkien kristittyjen täytyy pitää velvollisuutenaan evankeliumin levittämistä ja julistamista, ja heidän täytyy tehdä kaikkensa pelastaakseen vielä yhden sielun lankeamasta helvettiin.

Mitä sitten kolmannen tason rangaistukset oikein ovat?

i) Helvetin sanasaattaja pitää kasvoillaan kauheaa siannaamaria

Yksi Alemmassa haudassa oleva sielu on sidottu puuhun ja hänen lihaansa leikataan palasiksi vähän kerrallaan. Kenties sinä voit verrata tätä kalan leikkaamiseen sashimin valmistamiseksi. Rumaa ja pelottavaa naamaria pitävä helvetin sanansaattaja valmistaa tarvittavat työkalut kidutusta varten. Näihin kaluihin kuuluu laaja valikoima esineitä aina pienestä tikarista kirveeseen saakka. Sitten helvetin sanansaattaja hioo työkaluja kiveä vasten. Nämä työkalut eivät oikeasti ole teroituksen tarpeessa, sillä jokaisen Alemman haudan työkalun terä pysyy aina täysin terävänä. Hiomisen oikea tarkoitus on kidutustaan odottavan sielun pelottelu.

Lihan leikkaaminen alkaa sormenpäistä

Kuinka peloissaan ja pahoinvoivan täytyy sielun olla, kun se kuulee näiden työkalujen kalskeen ja näkee kuinka helvetin sanansaattaja lähestyy sitä hirvittävä irvistys kasvoillaan!

'Kohta veitsi viiltää minun lihaani...
Pian tuo kirves leikkaa minun raajani...
Mitä minun tulee tehdä?
Kuinka minä voin sietää tämän kivun?'

Pelkkä kauhu melkein tukehduttaa hänet. Sielu muistuttaa itseään siitä että se on sidottu tiukasti puunrunkoa vasten, että se ei voi liikkua, ja siitä tuntuu siltä kuin köysi leikkaisi hänen lihaansa. Mitä kovemmin hän yrittää riuhtoa, sitä tiukemmin köysi kiinnittyy hänen ruumiinsa ympärille. Helvetin sanansaattaja lähestyy häntä ja alkaa leikata hänen lihaansa, aloittaen sormenpäistä. Veriklönttien peittämä lihamöykky tipahtaa maahan. Hänen sormiensa kynnet revitään irti, ja pikku hiljaa myös hänen sormensa leikataan. Sanansaattaja leikkaa lihan hänen sormistaan ensin ranteisiin ja sitten olkapäihin saakka. Pelkästään luut ovat jäljellä hänen käsivarsistaan. Sitten sanansaattaja siirtyy alemmaksi sielun pohkeisiin ja sisäreisiin.

Kunnes sisäelimet ovat paljaita

Helvetin sanansaattaja alkaa leikata hänen vatsaansa. Kun kaikki suolet ja sisäelimet ovat paljaina, se nappaa nämä elimet ja heittää ne pois. Sitten se ottaa ja repii myös muut elimet terävien työkalujensa avulla.

Sielu on ollut hereillä ja katsonut tätä prosessia tähän saakka. Hänen lihansa on leikattu pois ja hänen sisälmyksensä on heitetty pois. Kuvittele, että joku on sitonut sinut ja leikannut sinusta pois osia käsistäsi alkaen sormenkynnen kokoinen pala kerrallaan. Veri alkaa vuotamaan välittömästi veitsen koskettaessa sinua. Kärsiminen alkaa, eivätkä mitkään sanat voi ilmaista tuntemaasi kauhua. Kun sinua rangaistaan Alemman haudan kolmannella tasolla kyse ei ole pelkästään osasta ruumistasi; koko sinun ihosi päästä varpaisiin ja kaikki sinun elimesi revitään irti yksi kerrallaan.

Pidä taas mielessäsi sashimi, japanilainen raa'asta kalasta tehty ruokalaji. Kokki on pelkästään erottanut sen ihon ja luut ja sitten leikannut sen lihan mahdollisimman ohuesti. Annos on aseteltu elävän kalan muotoon. Vaikuttaa siltä kuin kala olisi yhä elossa ja sinä näet kuinka sen kidukset liikkuvat. Ravintolan kokki ei tunne myötätuntoa kalaa kohtaan, sillä muuten hän ei voisi tehdä työtänsä.

Muista pitää vanhempasi, puolisosi, sukulaisesi ja ystäväsi rukouksissasi. He joutuvat kärsimään siitä, että helvetin armottomat sanansaattajat leikkaavat heidän ihonsa irti ja kaapivat heidän luunsa jos he eivät pelastu ja päätyvät helvettiin. Meidän velvollisuutemme kristittyinä on levittää ilosanomaa, sillä Tuomion päivänä Jumala pitää meitä jokaista vastuussa kaikista niistä ihmisistä joita me emme voineet tuoda taivaaseen.

Sielun silmän pistäminen

Tällä kertaa sanansaattaja valitsee piikin veitsen sijaan. Sielu tietää mitä tulee tapahtumaan, sillä tämä ei ole ensimmäinen kerta kun hänen täytyy käydä tämä lävitse: häntä on kidutettu tällä tavalla jo satoja ja tuhansia kertoja siitä päivästä lähtien kun hänet tuotiin Alempaan hautaan. Helvetin sanansaattaja lähestyy sielua, pistää hänen silmäänsä ja jättää sitten piikin hetkeksi hänen silmäkuoppaansa. Kuinka pelokkaan täytyy sielun ollakaan nähdessään kuinka piikki lähestyy lähemmäksi ja lähemmäksi? Sanat eivät voi kuvata sitä kipua joka aiheutuu siitä, että piikki lävistää hänen silmänsä.

Onko tämä kidutuksen päätös? Ei. Sielun kasvot ovat yhä jäljellä. Nyt helvetin sanansaattaja leikkaa hänen posket, nenän, otsan sekä kasvojen loppuosan. Se ei unohda leikata ihoa sielun korvista, huulista ja kaulasta. Kaula muuttuu ohuemmaksi ja ohuemmaksi kun sitä leikataan vähän kerrallaan, kunnes se lopulta katkeaa kokonaan. Tähän päättyy yksi kidutuksen osa, mutta tämä päätös merkitsee vain toisen osan alkamista.

Sielu ei voi edes huutaa tai itkeä

Hetken kuluttua kaikki irtileikatut ruumiinosat palautuvat ennalleen kuin mitään ei olisi koskaan tapahtunut. Ruumiin palautuessa ennalleen kipu ja tuska katoavat hetkeksi aikaa. Tämä lyhyt tauko kuitenkin vain muistuttaa sielua häntä odottavasta piinasta, ja pian hän alkaa vapista hillittömästi peloissaan. Hänen odottaessa kidutusta hän kuulee taas kuinka työkaluja teroitetaan. Silloin tällöin kauhistuttavaa siannaamaria pitävä helvetin sanansaattaja vilkaisee häntä hirveä irvistys kasvoillaan. Sanansaattaja on valmis uuteen kidutukseen. Kauhea piina alkaa uudelleen. Luuletko sinä kestäväsi tämän? Yksikään kehonosasi ei koskaan turru kidutuksen työkaluihin tai jatkuvaan kipuun. Mitä enemmän sinua kidutetaan, sitä enemmän sinä kärsit.

Vangittuna oleva epäilty tai kidutusta odottava vanki tietää että se mikä häntä odottaa tulee kestämään vai lyhyen aikaa. Silti hän tärisee ja vapisee peloissaan. Kuvittele sitten kuinka rumaa siannaamaria pitävä helvetin sanansaattaja lähestyy sinua kantaen käsissään erilaisia toisiaan vasten kalisevia työkaluja. Kidutus toistuu ilman loppua: lihan leikkaaminen, sisäelimien repiminen, silmien puhkominen ja kaikki muu tulee jatkumaan.

Joten Alemmassa haudassa oleva sielu ei voi huutaa tai anoa helvetin sanansaattajalta armoa, elämää, vähempää julmuutta tai mitään muutakaan. Muiden sielujen huudot, armon anonnat ja kidutusinstrumenttien kalske ympäröivät sielua. Nähdessään helvetin sanansaattajan sielu kalpenee heti ääntä päästämättä. Lisäksi hän tietää että jo valmiiksi että hän ei voi vapauttaa itseään kärsimyksestä ennenkuin hänet heitetään tuliseen järveen Valkean valtaistuimen suuren Tuomion jälkeen, aikojen lopussa (Ilmestyskirja 20:11). Tämä karu todellisuus lisää hänen tuntemaansa kipua.

ii) Ruumiin puhaltaminen täyteen ilmaa ilmapallon tavoin

Kaikki jotka omaavat hitusenkin omatuntoa tuntevat olonsa syylliseksi loukattuaan toisen tunteita. Ja jos sinä oletkin joskus vihannut jotakuta, sinun vihasi laimenee ja sinä tunnet ainakin hetkellisesti sääliä toista henkilöä kohtaan jos sinä näet että tämän kyseisen henkilön nykyinen elämä on kurjalaatuista.

Ihminen on kuitenkin täysin välipitämätön muiden ihmisten tuskaa kohtaan jos hänen omatuntonsa on arpeutunut kuin kuumalla raudalla poltettuna, ja tällainen henkilö voi olla valmis tekemään jopa kauheimpia rikoksia saavuttaakseen omat määränpäänsä.

Ihmisiä kohdellaan kuin saastaa ja roskaa

Toisen maailmansodan aikana natsi-Saksassa sekä Japanissa, Italiassa ja monissa muissa maissa lukemattomia ihmisiä käytettiin koekaniineina hirvittävissä ja salaisissa kokeissa; nämä ihmiset olivat korvanneet rotat, jänikset ja muut tavallisesti käytetyt eläimet.

Esimerkiksi syöpäsoluja ja viruksia istutettiin ihmisiin jotta

109

nähtäisiin kuinka terve yksilö reagoisi näihin, kuinka kauan hän pystyisi vastustamaan näitä haitallisia tunkeutujia ja minkälaisia oireita erilaiset taudit aiheuttivat. Usein elävän ihmisen vatsa tai kallo leikattiin auki tarkan informaation saamiseksi. Saadakseen selville kuinka normaali henkilö reagoi äärimmäiseen kylmyyteen tai kuumuuteen, huoneen lämpötila laskettiin nopeasti tai sitten vesisäiliön veden lämpötilaa nostettiin nopeasti henkilön ollessa sen sisällä.

Sen jälkeen kun nämä "yksilöt" olivat täyttäneet tarkoituksensa heidät jätettiin usein kuolemaan tuskallinen kuolema. Näiden ihmisten arvolle tai tuskalle ei luotu ajatustakaan.

Kuinka kauheaa ja julmaa sen onkaan täytynyt olla näille sotavangeille tai muille puolustuskyvyttömille ihmisille joista tuli pahamaineisia koekaniineja, kun he katsoivat kuinka heidän kehonsa leikattiin palasiksi, kuinka heidät tartutettiin erilaisilla tappavilla soluilla ja aineilla ja kuinka heidän kehonsa kirjaimellisesti kuolivat heidän silmiensä edessä?

Alemman haudan sielut kokevat rangaistumetodeja jotka ovat julmempia kuin mitkään tässä maailmassa eläville ihmisille tehdyt tieteelliset kokeilut. Alemmassa haudassa olevat miehet ja naiset on luotu Jumalan kuvaksi, mutta he ovat menettäneet arvokkuutensa ja arvonsa, ja niin heitä pidetään poisheitettynä roskana.

Me emme tunne roskia kohtaan mitään sääliä, ja samalla tavalla helvetin sanansaattajat eivät tunne sääliä tai myötätuntoa näitä sieluja kohtaan. Helvetin sanansaattajat eivät tunne syyllisyyttä tai sääliä, ja niiden mielestä mikään rangaistus ei ole koskaan tarpeeksi.

Luut antavat periksi ja iho repeilee

Joten helvetin sanansaattajat pitävät näitä sieluja pelkkinä leikkikaluina. Ne täyttävät sielujen ruumiit ilmalla ja potkivat niitä keskenään.

On vaikea kuvitella tätä näkyä. Kuinka ihmiset pitkä ja tasainen ruumis voidaan puhaltaa pallonkaltaiseksi? Mitä tapahtuu sisällä oleville elimille?

Sisäelinten ja keuhkojen täyttyessä ilmalla näitä suojelevat kylkiluut antavat periksi yksitellen ja pala kerrallaan. Tämän lisäksi jatkuva, hirvittävä ihon venymisestä johtuva kipu on alati läsnä.

Helvetin sanansaattajat leikkivät näillä pelastumatta jääneiden sielujen ilmaa täynnä olevilla ruumiilla Alemmassa haudassa, ja kun ne vihdoin kyllästyvät tähän leikkiin ne puhkaisevat sielujen vatsat terävillä piikeillä. Ilmaa täynnä oleva pallo repeytyy kumipalasiksi kun se puhkaistaan, ja samalla tavalla sielujen veri ja ihonpalat repeilevät ja lentävät joka suuntaan.

Lyhyen ajan kuluttua näiden sielujen kehot palautuvat kuitenkin taas ennalleen ja ne palaavat takaisin alkuperäiseen rangaistukseen. Kuinka julmaa tämä on? Eläessään tämän maan päällä nämä sielut olivat muiden rakastamia ja ne nauttivat jonkinlaisesta sosiaalisesta asemasta ja pystyivät nojautumaan ainakin perimmäisiin ihmisoikeuksiin.

Alemmassa haudassa heillä ei ole kuitenkaan mitään oikeuksia joihin turvata, ja heitä kohdellaan kuin maassa olevaa soraa;

111

heidän olemassaolollaan ei ole arvoa,

Saarnaaja 12:13-14 muistuttaa meitä seuraavasti:

Loppusana kaikesta, mitä on kuultu, on tämä: Pelkää Jumalaa ja pidä hänen käskynsä, sillä niin tulee jokaisen ihmisen tehdä. Sillä Jumala tuo kaikki teot tuomiolle, joka kohtaa kaikkea salassa olevaa, olkoon se hyvää tai pahaa.

Jumalan tuomion mukaisesti nämä sielut on alennettu pelkiksi leikkikaluiksi joilla helvetin sanansaattajat leikkivät.

Joten meidän tulee olla tietoisia siitä, että jos me emme täytä ihmisten velvollisuuksia, mikä tarkoittaa Jumalan pelkäämistä ja Hänen käskyjensä pitämistä, meidän ei enää tunnusteta olevan Jumalan kuvia ja kaltaisia arvokkaita sieluja vaan meidät alistetaan sen sijaan Alemman haudan julmimmille rangaistuksille.

Pontius Pilatuksen rangaistus

Jeesuksen kuoleman aikoihin Pontius Pilatus toimi Juudan, tämän päivän Palestiinan, roomalaisena kuvernöörinä. Siitä päivästä lähtien kun hän astui Alempaan hautaan hän on kärsinyt kolmannen tason rangaistuksesta johon kuuluu myös ruoskimista. Miksi Pontius Pilatusta sitten piinataan tällä tavalla?

Siitä huolimatta että hän tiesi Jeesuksen vanhurskaudesta

Koska Pilatus oli Juudan kuvernööri, tarvittiin Jeesuksen ristiinnaulitsemiseen hänen lupansa. Rooman varakuninkaana Pilatus oli vastuussa koko Juudan alueen valvonnasta ja hänellä oli monia vakoojia ympäri koko maata työskentelemässä hänelle. Joten Pilatus oli hyvin selvillä Jeesuksen tekemistä lukemattomista ihmeistä, Hänen rakkauden sanomastaan, Hänen parantamistaan sairaista, Hänen Jumalaa koskevista saarnoistaan ja muista vastaavista asioista joita Jeesus teki saarnatessaan evankeliumia maassa jossa sekä Hän että Pilatus molemmat asuivat. Tämän lisäksi Pilatus päätteli vakoojiensa raporttien perusteella että Jeesus oli hyvä ja viaton mies.

Pilatus oli tietoinen siitä että juutalaiset tahtoivat tappaa Jeesuksen, joten hän teki kaikkensa vapauttaakseen Hänet. Pilatus kuitenkin uskoi että jos hän ei myötäillyt juutalaisia tämä johtaisi siihen että hänen provinssinsa kärsisi levottomuuksista, ja niin hän lopulta luovutti Jeesuksen ristiinnaulittavaksi juutalaisten pyynnöstä. Pilatuksen oma henki olisi varmasti ollut vaarassa jos provinssi josta hän oli vastuussa olisi kokenut levottomuuksia.

Loppujen lopuksi Pilatuksen oma pelkurimainen omatunto määräsi hänen kuolemanjälkeisen kohtalonsa. Roomalaiset sotilaat ruoskivat Jeesuksen Pilatuksen käskystä ennen Hänen ristiinnaulitsemistaan, ja niin Pilatus on tuomittu tähän samaan rangaistukseen; ikuiseen ruoskintaan helvetin sanansaattajien käsissä.

113

Pilatus ruoskitaan joka kerta kun hänen nimensä kutsutaan

Tällä tavalla Jeesus ruoskittiin. Pitkän nahkaruoskan loppuosaan oli upotettu raudan- tai metallinpalasia. Joka ruoskaniskulla ruoska kietoutui Jeesuksen ympärille ja sen päädyssä olevat luun ja metallin palaset rikkoivat Hänen ihonsa. Ruoskaniskut repäisivät mennessään lihan haavoista, jättäen jälkeensä syviä ja pitkiä haavoja.

Joka kerta kun Pilatuksen nimeä kutsutaan tässä maailmassa helvetin sanansaattajat ruoskivat häntä Alemmassa haudassa. Monet kristityt toistavat uskontunnustuksen jokaisen jumalanpalveluksen aikana. Pontius Pilatusta ruoskitaan joka kerta kun kohta "kärsi Pontius Pilatuksen aikana" mainitaan. Satojen ja tuhansien ihmisten mainitessa hänen nimensä samanaikaisesti sekä ruoskinnan tempo että voimakkuus lisääntyvät dramaattisesti. Toisinaan muut helvetin sanansaattajat kerääntyvät Pilatuksen ympärille auttaakseen hänen ruoskimisessaan.

Helvetin sanansaattajat ruoskivat Pontius Pilatusta ikäänkuin toisiaan vastaan kilpaillen vaikka hänen kehonsa on repiytynyt palasiksi ja se on veren peitossa. Ruoskinta repii Pilatuksen lihaa, paljastaen hänen lihansa ja kaivaen ylös hänen selkärankansa.

Hänen kielensä poistetaan pysyvästi

Pilatus huutaa jatkuvasti "Älkää kutsuko minun nimeäni! Joka kerta kun se mainitaan minua kidutetaan ja minä kärsin!"

hänen ollessa kidutettuna. Sanaakaan ei kuitenkaan kuulu hänen suustaan. Hänen kielensä on leikattu irti, sillä hän käytti tätä samaa kieltä tuomitakseen Jeesuksen ristiinnaulittavaksi. Kipujen vaivatessa sinua huutaminen ja vaikertaminen auttaa hieman. Pilatukselle edes tämä vaihtoehto ei ole avoinna.

Pilatus on myös eräällä tavalla erilainen kuin muut. Muiden Alemman haudan sielujen ruumiinosat palautuvat ennalleen kun niitä kaavitaan, leikataan tai poltetaan. Pilatuksen kieli on kuitenkin poistettu kokonaan kirouksen symboliksi. Vaikka Pilatus anoo ihmisiä jotta nämä eivät kutsuisi hänen nimeään, sitä tullaan toistamaan Tuomiopäivään saakka. Mitä enemmän hänen nimeään kutsutaan, sitä raskaampi hänen kärsimyksensä on.

Pilatus teki tahallaan syntiä

Antaessaan Jeesuksen ristiinnaulittavaksi Pilates otti vettä ja pesi kätensä väkijoukon edessä. Hänen sanoi väelle: *"Viaton olen minä tämän miehen vereen. Katsokaa itse eteenne"* (Matteus 27:24). Tämän jälkeen juutalaiset halusivat tappaa Jeesuksen yhä innokkaammin ja he vastasivat Pilatukselle: *"Tulkoon hänen verensä meidän päällemme ja meidän lastemme päälle"* (Matteus 27:25).

Mitä juutalaisille tapahtui sen jälkeen kun Jeesus ristiinnaulittiin? Heidät teurastettiin sen jälkeen kun roomalainen kenraali Titus valloitti Jerusalemin vuonna 70 jKr. Siitä lähtien he ovat olleet siroteltuina ympäri maailmaa ja heitä on vainottu maissa jotka eivät ole olleet heidän omiaan.

115

Toisen maailmansodan aikana heidät pakkosiirrettiin useisiin eri keskitysleireihin Euroopassa, ja näissä leireissä yli kuusi miljoonaa juutalaista kuoli joko kaasukammioissa tai muuten julmasti murhattuina. Israelin modernin valtion viiden ensimmäisen vuoden 1948 itsenäistymistä seuranneen vuosikymmenen aikana se on kohdannut Lähi-Idässä jatkuvia uhkia, vihaa sekä naapurivaltioiden aseistettua vastustusta.

Vaikka juutalaiset ovat kokeneet rangastuksen vaadittuaan *"Tulkoon hänen verensä meidän päällemme ja meidän lastemme päälle"*, tämä ei tarkoita sitä että Pilatuksen rangaistus olisi millään tavalla lieventynyt. Pilatus teki syntiä tahallaan. Hänellä oli useita tilaisuuksia olla tekemättä tätä syntiä mutta hän teki sen kaikesta huolimatta. Jopa hänen vaimonsa, jota oli varoitettu unessa, varoitti Pilatusta tapattamasta Jeesusta. Pilatus kuitenkin tuomitsi Jeesuksen ristiinnaulittavaksi vastoin vaimonsa neuvoa ja omaa omaatuntoaan. Tämä johdosta hän joutuu kärsimään Alemman haudan kolmannen tason rangaistuksesta.

Jopa nykyaikana ihmiset tekevät syntejä vaikka he tietävät niiden olevan rikoksia. He paljastavat toisille salaisuuksia omia etuja edistääkseen. Alemmassa haudassa kolmannen tason rangaistus on varattu niille jotka ovat juonineet toisia vastaan, antaneen vääriä todistuksia, puhuneet pahaa, muodostaneet jengejä tai joukkoja murhatakseen tai kiduttaakseen toisia, pettäneet toisia vaaran tai kivun uhatessa, ja niin edelleen.

Jumala kyseenalaistaa jokaisen teon

Jotkut ihmiset väittävät että tietyt tilanteet tai olosuhteet ovat toisten ihmisten syytä samalla tavalla kuin Pilates siirsi Jeesuksen veren juutalaisten käsiin pesemällä omat kätensä. Ihmisten vastuu synneistä lepää kuitenkin heidän omilla harteillaan. Jokaisella ihmisellä on vapaa tahto, ja hänellä on sekä oikeus tehdä päätöksiä että velvollisuus kantaa niistä vastuu. Vapaa tahto mahdollistaa meidän päättävän uskoako, että Jeesus on meidän henkilökohtainen Pelastajamme vai ei, ja sen johdosta me voimme päättää haluammeko me pyhittää lepopäivän, maksaa täydet kymmenykset ja niin edelleen. Ratkaisujemme tulokset paljastuvat joko ikuisen taivaan onnellisuuden tai ikuisen helvetin rangaistuksen kautta.

Jokaisen koskaan tekemäsi päätöksen tulos on sinun oma vastuusi, joten sinä et voi syyttää siitä ketään muuta. Tämän tähden sinä et voi sanoa, että: "Minä jätin Jumalan vanhempieni vainoan tähden" tai "En voinut pyhittää lepopäivää tai antaa täysiä kymmenyksiä puolisoni tähden." Jos ihminen olisi omannut uskoa, niin varmasti hän olisi pelännyt Jumalaa ja pitänyt kaikki Hänen käskynsä.

Pilatus, jonka kieli leikattiin pois hänen omien pelkurimaisten sanojensa tähden, katuu tekojaan samalla kun häntä ruoskitaan jatkuvasti Alemmassa haudassa. Kuoleman jälkeen Pilatus ei kuitenkaan saanut toista mahdollisuutta.

Elossa olevilla ihmisillä on kuitenkin vielä mahdollisuus jäljellä. Sinun ei tulisi koskaan epäröidä pelätä Jumalaa ja pitää Hänen käskynsä. Jesaja 55:6-7 sanoo: *"Etsikää Herraa silloin, kun hänet löytää voidaan; huutakaa häntä avuksi, kun hän läsnä on. Jumalaton hyljätköön tiensä ja väärintekijä ajatuksensa ja palatkoon Herran tykö, niin hän armahtaa häntä, ja meidän*

117

Jumalamme tykö, sillä hänellä on paljon anteeksiantamusta." Jumala on rakkaus, ja sen tähden Hän antaa meidän tietää mitä helvetissä tapahtuu meidän ollessa yhä elossa. Hän tekee näin herättääkseen ihmisiä heidän hengellisestä unestaan, ja rohkaistaakseen ja valtuuttaakseen meidät levittämään ilosanomaa yhä useammille ihmisille jotta hekin saisivat elää Hänen armossaan ja myötätunnossaan.

Saulin, Israelin ensimmäisen kuninkaan, rangaistus

Jeremia 29:11 sanoo: *"Sillä minä tunnen ajatukseni, jotka minulla on teitä kohtaan, sanoo Herra: rauhan eikä turmion ajatukset; minä annan teille tulevaisuuden ja toivon."* Sana annettiin juutalaisille heidän ollessa Babyloniassa maanpakolaisina. Jae profetoi Jumalan Hänen kansallaan antamaa anteeksiantamusta ja armoa heidän ollessa maanpaossa Jumalaa vastaan tekemiensä syntien tähden.

Samasta syystä Jumala julistaa sanomaa helvetistä. Hän ei tee näin kirotakseen ei-uskovia tai syntisiä, vaan lunastaakseen kaikki ne jotka kantavat raskasta taakka Saatanan ja paholaisen orjina sekä estääkseen Hänen kuvakseen luotuja ihmisiä lankeamasta tähän kurjaan paikkaan.

Joten sen sijaan että sinä pelkäisit helvetin kauheita olosuhteita, sinun ei tarvitse tehdä muuta kuin ymmärtää Jumalan mittaamattoman rakkauden ja, jos sinä et ole uskossa, ottaa Jeesus Kristus vastaan henkilökohtaiseksi Pelastajaksesi tästä hetkestä alkaen. Nyt on aika kääntyä ympäri ja tehdä niinkuin Jumalaa sanoo jos sinä et ole elänyt Jumalan sanan mukaisesti vaikka sinä oletkin tunnustanut niin tekeväsi.

Saul pysyi tottelemattomana Jumalaa kohtaan

Saulin noustessa valtaistuimelle hän nöyryytti itsensä suuresti. Pian hän kuitenkin muuttui liian ylpeäksi noudattaakseen Jumalan sanaa. Hän lankesi pahuuteen tullen näin hyljätyksi, ja lopulta Jumala käänsi kasvonsa pois Saulista. Tehtyäsi syntiä Jumalaa vastaan sinun täytyy muuttaa ajattelutapaasi ja katua epäröimättä. Sinun ei tulisi yrittää etsiä itsellesi tekosyytä tai salata syntiäsi. Vasta sitten Jumala kuulee sinun katumuksen rukouksesi ja avaa sinulle tien anteeksiantamukseen.

Saulin kuullessa että Jumala oli nimittänyt Daavidin korvaamaan hänet hän piti tätä mahdollista seuraajaansa arkkivihollisenaan ja hän yritti tappaa tätä koko loppuelämänsä ajan. Saul jopa tappoi Jumalan pappeja sen tähden että he olivat auttaneet Daavidia (1. Samuel 22:18). Tämänkaltaiset teot olivat sama asia kuin jos hän olisi vastustanut Jumalaa kasvoista kasvoihin.

Täten kuningas Saul pysyi tottelemattomana ja hän lisäsi pahojen tekojensa määrää. Jumala ei kuitenkaan tuhonnut Saulia välittömästi. Jumala piti Saulin elossa siitä huolimatta, että Saul vihasi Daavidia ja hänen aikomuksenaan oli kauan aikaa tappaa hänet.

Tähän oli kaksi syytä. Ensinnäkin, Jumalan aikomuksena oli muokata Daavidista suuri astia ja kuningas. Toisekseen, Jumala antoi Saulille paljon aikaa ja useita tilaisuuksia katua vääriä tekojaan.

Yksikään meistä ei selviytyisi jos Jumala tappaisi meidät kun me teemme kuolemanvakavan synnin. Jumala on valmis antamaan anteeksi ja Hän odottaa ja odottaa, mutta hos henkilö ei palaa Hänen luokseen Jumala katsoo toiseen suuntaan. Saul ei kuitenkaan ymmärtänyt Jumalan sydäntä ja hän etsi lihan haluja. Lopulta Saul haavoittui vakavasti jousiampujien toimesta ja hän tappoi itsensä omalla miekallaan (1. Samuel 31:3-4).

Saulin ruumis roikkuu ilmassa

Mikä on ylpeän Saulin rangaistus? Terävä keihäs puhkoo hänen vatsaansa hänen roikkuessaan ilmssa. Keihään terä on täynnä tiheään istuttettuja esineitä jotka muistuttavat teräviä piikkejä ja miekanteriä.

Ilmassa roikottaminen on erittäin kivuliasta. On vielä kivuliaampaa jos sinä roikut ilmassa samalla kun keihäs puhkoo sinun vatsaasi. Sinun painosi lisää tuskaa entisestään. Keihäs repii puhkotun vatsan riekaleiksi terävillä terillä ja piikeillä. Ihon repeytyeässä lihakset, luut ja sisälmykset tulevat paljastetuksi.

Ajoittain helvetin sanansaattaja lähestyy Saulia ja kääntää keihästä, ja tällöin kaikki siihen kiinnitetyt terät ja piikit repivät ruumista. Keihään pyörittäminen puhkoo Saulin keuhkot, sydämen, vatsalaukun ja sisälmykset.

Saulin kestettyä tätä kauheaa kidutusta kaikki hänen sisälmyksensä ovat repiytyneet palasiksi mutta pian ne kuitenkin palautuvat ennalleen. Niiden palauduttua ennalleen helvetin sanansaattaja lähestyy Saulia ja toistaa kaiken uudelleen. Kärsiessään Saul muistelee kaikkia niitä aikoja ja tilaisuuksia elämänsä aikana jolloin hän olisi voinut katua.

Miksi minä vastustin Jumalan tahtoa?
Miksi minä taistelin Häntä vastaan?
Minun olisi pitänyt kiinnittää huomiota
profeetta Samuelin torumiseen!
Minun olisi pitänyt katua
kun poikani Joona anoi minua kyynelsilmin!
Jos en olisi ollut niin paha Daavidia kohtaan,
kenties rangaistukseni olisi ollut kevyempi...

Saulin on hyödytöntä katua tekojaan sen jälkeen kun hän on langennut helvettiin. On kestämätöntä roikkua ilmassa samalla kun keihäs puhkoo sinun vatsaasi, mutta helvetin sanansaattajan lähestyessä Saulia uutta kidutuskertaa varten Saul täyttyy pelolla. Vain hetkeä aiemmin koettu kipu on yhä tuoreena hänen muistissaan, ja hän melkein tukehtuu ajatellessaan mitä pian on tapahtuva.

Saul saattaa anoa, "Päästä minut pois!" tai "Ole kiltti, päätä tämä kidutus!" mutta kaikki on hyödytöntä. Mitä enemmän Saul pelkää, sitä iloisemmaksi helvetin sanansaattaja muuttuu. Se kääntää ja kääntää keihästä, ja Saul joutuu kokemaan kuinka hänen ruumiinsa repeytyy uudestaan ja uudestaan, ikuisesti.

Ylpeys on tuhon keihäänkärki

Seuraava tapaus on hyvin yleistä nykypäivän kirkoissa. Aluksi uudelle uskovalle annetaan Pyhä Henki jonka hän ottaa ilolla vastaan. Hän haluaa palvella Jumalaa ja Hänen palvelijoitaan innolla. Tämä uskova alkaa kuitenkin niskoitella Jumalan tahtoa, Hänen kirkkoaan ja Hänen palvelijoitaan vastaan. Tämän kaiken kasaantuessa hän alkaa arvostella ja tuomita muita hänen kuulemallaan Jumalan sanalla. On myös erittäin todennäköistä että hänestä tulee ylpeä teoissaan.

Hänen aluksi Herran kanssa jakamansa rakkaus himmenee ajan kuluessa ja hän unelmansa – jotka ennen keskittyivät taivaspaikkaan – keskittyvät nyt tämän maailman asioihin. Asioihin jotka hän jo kerran hylkäsi. Jopa kirkossa hän tahtoo nyt tulla muiden palvelemaksi ja hänestä tulee ahne sekä rahan että vallan suhteen, ja hän nauttii lihan iloista.

Ollessaan köyhä tämä henkilö on saattanut rukoilla seuraavanlaisesti: "Jumala, anna minulle maallisen omaisuuden siunaus!" Mitä sitten tapahtuu kun hän saa tämän siunauksen? Sen sijaan että hän käyttäisi tätä siunausta köyhien, lähetystyöntekijöiden ja Jumalan töiden tukemiseksi, hän tuhlaa Jumalan siunaukset maallisten ilojen jahtaamiseen.

Tästä johtuen uskovassa oleva Pyhä Henki valittaa, hänen henkensä kohtaa useita vaikeuksia sekä koettelemuksia ja hän saattaa olla lähestymässä rangaistustaan. Jos hän jatkaa synnissä elämistä hänen omatuntonsa saattaa turtua kokonaan. Hän saattaa menettää kyvyn erottaa Jumalan tahdon hänen oman sydämensä ahneudesta ja hän saattaa usein jahdata elämässään jälkimmäistä.

Joskus hän saattaa tulla kateelliseksi kirkonjäsenten rakastamille ja ihailemille Jumalan palvelijoille. Hän saattaa puhua heitä vastaan valheellisesti ja sekaantua heidän sielunhoitotehtäviinsä. Hän luo kirkkoon nurkkakunnan omaksi edukseen, ja siten hän tuhoaa kirkon jossa Kristuksen henki asuu.

Tällaiset henkilöt jatkavat Jumalan vastustamista ja heistä tulee Saatana-vihollisen ja paholaisen työkaluja, ja lopulta he ovat Saulin kaltaisia.

Jumala vastustaa ylpeitä mutta on armollinen nöyriä kohtaan

1. Pietari 5:5 kuuluu seuraavasti: *"Samoin te, nuoremmat, olkaa vanhemmille alamaiset ja pukeutukaa kaikki keskinäiseen nöyryyteen, sillä 'Jumala on ylpeitä vastaan, mutta nöyrille hän antaa armon.'"* Ylpeät arvostelevat saarnatuolista kuuluvaa sanomaa samalla kun he kuuntelevat sitä. He hyväksyvät sen mikä sopii heidän omaan maailmankuvaansa mutta hylkäävät kaiken muun. Suurin osa ihmisten maailmankuvasta eroaa Jumalan maailmankuvasta. Sinä et voi sanoa että sinä uskot ja rakastat Jumalaa jos sinä hyväksyt ainoastaan sen minkä kanssa sinä olet samaa mieltä.

1. Joh. 2:15 sanoo: *"Älkää rakastako maailmaa älkääkä sitä, mikä maailmassa on. Jos joku maailmaa rakastaa, niin Isän rakkaus ei ole hänessä."* Ihminen, jonka päällä ei ole Isän rakkautta, ei omaa suhdetta Jumalaan. Tämän tähden sinä

valehtelet etkä sinä elä totuudessa jos sinä väität että sinulla on Jumalan kanssa suhde vaikka sinä silti kuljet pimeydessä (1. Joh 1:6).

Sinun tulisi aina olla varovainen ja tutkiskella itseäsi jatkuvasti nähdäksesi, onko sinusta kenties tullut ylpeä, haluatko sinä kenties tulla palvelluksi enemmän kuin mitä sinä haluat palvella, ja onko rakkaus tätä maailmaa kohtaan kenties hiipinyt sydämeesi.

Juudas Iskariotin
neljännen tason rangaistus

Me olemme nähneet kuinka Alemman haudan ensimmäisen, toisen ja kolmannen tason rangaistukset ovat kurjempia ja julmempia kuin mitä me voimme edes kuvitella. Me olemme myös tutkineet useita syitä siihen, miksi nämä sielut tulevat näin julmasti rangaistuksi.

Tästä eteenpäin me syvennymme kaikista kauhistuttavimpaan Alemman haudan rangaistukseen. Mitkä ovat esimerkkejä neljännen tason rangaustuksista ja minkälaista pahaa nämä sielut ovat tehneet ansaitakseen kohtalonsa?

Anteeksiantamattoman synnin tekeminen

Raamattu kertoo meille että on olemassa syntejä jotka voidaan antaa anteeksi katumisen kautta, ja että on olemassa syntejä joita ei voi saada anteeksi ja jotka johtavat kuolemaan (Matteus 12:31-

32; Heprealaiskirje 6:4-6; 1. Joh. 5:16). Pyhää Henkeä pilkkaavat ihmiset, ihmiset jotka tekevät syntiä vaikka tietävät totuuden ja muut tämänkaltaiset kuuluvat tämänkaltaisiin synteihin, ja näitä tekevät ihmiset lankeavat Alemman haudan syvimpään osaan.

Me näemme usein ihmisiä jotka ovat tulleet parantuneeksi tai jotka ovat ratkaisseet ongelmansa Jumalan armolla. Aluksi he ovat innokaita tekemään Jumalan ja Hänen kirkkonsa työtä. Ajoittain me kuitenkin näemme kuinka he tulevat maailman kiusaamiksi ja kääntävät selkänsä Jumalalle.

He antautuvat taas maailmallisiin iloihin, paitsi että tällä kertaa he uppoutuvat niihin syvemmin kuin ennen. He häpäisevät kirkkoa ja loukkaavat muita kristittyjä ja Jumalan palvelijoita. Usein julkisesti uskoaan Jumalaan tunnustavat ovat ensimmäisiä tuomitsemaan ja leimaamaan eri kirkkoja ja pastoreita harhaoppisiksi omien näkökulmiensa ja ajatusmalliensa mukaisesti. Nähdessään kirkon, joka on täynnä Pyhää Henkeä ja Hänen palvelijoidensa kautta toteutuvia Jumalan ihmeitä, nämä ihmiset usein leimaavat koko seurakunnan harhaoppiseksi tai kutsuvat Pyhän Hengen töitä Saatanan töiksi pelkästään sen tähden, että he eivät pysty ymmärtämään mitä kirkossa oikeasti tapahtuu.

He ovat pettäneet Jumalan eivätkä he voi saada katumuksen henkeä. Toisin sanoen, tämänkaltaiset ihmiset eivät pysty katumaan syntejään. Joten kuoleman jälkeen nämä "kristityt" tulevat saamaan ankaramman rangaisuksen kuin ne, jotka eivät uskoneet Jeesukseen Kristukseen heidän vapahtajanaan ja jotka siten päätyivät Alempaan hautaan.

2. Pietari 2:20-21 kertoo meille, että: *"Sillä jos he meidän*

Herramme ja Vapahtajan Jeesuksen Kristuksen tuntemisen kautta ovat päässeetkin maailman saastutuksia pakoon, mutta niihin taas kietoutuvat ja tulevat voitetuiksi, niin on viimeinen tullut heille ensimmäistä pahemmaksi. Parempi olisi heille ollut, etteivät olisi tulleet tuntemaan vanhurskauden tietä, kuin että sen tunnettuaan kääntyvät pois heille annetusta pyhästä käskystä. " Nämä ihmiset niskoittelivat Jumalan sanaa vastaan ja haastoivat Hänet siitä huolimatta, että he tunsivat sanan, ja tästä syystä heitä rangaistaan raskaammin ja kovemmin kuin niitä, jotka eivät uskoneet alunperinkään.

Ihmiset joiden omatunto on karkaistu

Neljännen tason rangaistuksista kärsivät sielut eivät ole pelkästään syyllisiä anteeksiantamattomiin synteihin vaan he myös omaavat karkaistun omantunnon. Osasta näistä ihmisistä on tullut täysin aikanaan Jumalaa vastaan nousseiden ja Pyhää Henkeä vastustavien Saatana-vihollisen ja paholaisen orjia. On kuin he olisivat ristiinnaulinneet Jeesuksen ristille henkilökohtaisesti.

Pelastajamme Jeesus ristiinnaulittiin jotta ihmiskunta saisi syntinsä anteeksi ja vapautettaisiin ikuisen kuoleman kirouksesta. Hänen kallisarvoinen verensä lunasti kaikki Häneen uskovat, mutta neljännen tason rangaistuksen osakseen saavien kirous estää heitä tulemasta pelastustetuksi edes Jeesuksen Kristuksen veren kautta. Joten rangaistukseksi heidät on tuomittu tulemaan ristiinnaulituiksi omiin risteihinsä Alemmassa haudassa.

Juudas Iskariot, yksi Jeesuksen opetuslapsista ja kenties maailmanhistorian kuuluisin petturi, on malliesimerkki. Juudas näki Jumalan Pojan lihana omin silmin. Hänestä tuli yksi Jeesuksen opetuslapsista ja hän opetteli sanan sekä todisti useita ihmeellisiä tekoja ja merkkejä. Silti Juudas ei voinut lopulta koskaan heittää pois syntiä tai ahneuttaan. Lopulta Saatana usutti Juudasta ja hän kavalsi opettajansa 30 hopeapalasta.

Huolimatta siitä kuinka kovasti Juudas Iskariot tahtoi katua

Kumpi on sinun mielestäsi syyllisempi: Jeesuksen ristiinnaulittavaksi tuominnut Pontius Pilatus vai Jeesuksen juutalaisille myynyt Juudas Iskariot? Jeesuksen vastaus Pilatuksen kysymykseen vastaa kysymykseen selvästi:

Sinulla ei olisi mitään valtaa minuun, ellei sitä olisi annettu sinulle ylhäältä. Sentähden on sen synti suurempi, joka jätti minut sinun käsiisi (Joh. 19:11)

Juudaksen synti on todellakin suurempi eikä sille saa anteeksiantoa tai katumisen henkeä. Juudas katui ja palautti rahat kun hän ymmärsi syntinsä suuruuden, mutta hänelle ei koskaan annettu katumuksen henkeä.

Lopulta Juudas teki itsemurhan kykenemättä kantamaan syntinsä taakkaa. Ap. t. 1:18 kertoo että Juudas *"suistui alas ja pakahtui keskeltä, niin että kaikki hänen sisälmyksensä valuivat ulos."*

Juudas roikkuu ristillä

Miten Juudasta rangaistaan Alemmassa haudassa? Juudas roikkuu ristillä Alemman haudan syvimmän kohdan edustalla. Jumalaa vakavasti vastustaneiden ristit seisovat jonossa Juudas ja hänen ristinsä etummaisina. Tämä näkymä muistuttaa joukkohautaa, sodanjälkeistä hautuumaata tai kuollutta karjaa täynnä olevaa teurastamoa.

Ristiinnaulitseminen on yksi maailman julmimmista rangaistuksista. Ristiinnaulitseminen on sekä esimerkki että varoitus tulevasta kaikille rikollisille ja mahdollisille tuleville rikollisille. Ristillä roikkuminen on kuolemaakin kivuliaampi ja tuntikausia kestävä rangaistus jonka aikana ruumiinosat repeytyvät palasiksi, hyönteiset syövät uhria ja kaikki veri valuu hänen kehostaan, ja ristillä roikkuva odottaa malttamattomana että hän vetäisi viimeisen henkäyksensä mahdollisimman nopeasti.

Tässä maailmassa ristiinnaulitsemisesta aiheutuva kipu kestää enintään puoli päivää. Alemmassa haudassa kidutukselle ei ole kuitenkaan loppua eikä kuolemaa ole olemassa, ja niin ristiinnaulitsemisen tragedia kestää aina Tuomiopäivään saakka.

Juudaksen päässä on myös orjantappuroista tehty kruunu joka kasvaa jatkuvasti repien hänen ihoaan, lävistäen hänen kallonsa ja kiinnittyen hänen aivoihinsa. Tämän lisäksi hänen jalkojensa juuressa on kiemurtelevien eläinten kaltaisia olentoja. Lähempi tarkistelu paljastaa, että nämä ovat Alempaan hautaan langenneita sieluja jotka myös piinaavat Juudasta. Myös he vastustivat Jumalaa ja keräsivät pahuutta tässä maailmassa ollessaan, sillä heidän omatuntonsa olivat kuin karkaistuja. Myös heitä rangaistaan ja piinataan ankarasti, ja mitä ankarammin heitä kidutetaan, sitä väkivaltaisimmiksi he muuttuvat. Purkaakseen vihaansa ja tuskaansa he puolestaan pistävät Juudasta keihäillä.

Sitten helvetin sanansaattajat pilkkaavat Juudasta, sanoen: "Tämä on se joka kavalsi Messiaan! Hän teki meidän asiamme hyviksi! Onneksi olkoon! Kuinka naurettavaa!"

Valtava henkinen kärsimys Jumalan Pojan kavaltamisen tähden

Alemmassa haudassa Juudas Iskariot ei kärsi ainoastaan fyysisestä piinasta vaan hän myös kokee sietämätöntä hengellistä piinaa. Hän muistaa ikuisesti että hänet kirottiin sen tähden että hän kavalsi Jumalan Pojan. Koska "Juudas Iskariot"-nimestä on myös tässäkin maailmassa tullut synonyymi petturuuden kautta, hänen henkinen kärsimyksensä lisääntyy tämän mukaisesti.

Jeesus tiesi etukäteen että Juudas tulisi kavaltamaan Hänet. Hän myös tiesi mitä Juudakselle tulisi tapahtumaan kuoleman jälkeen. Tämän tähden Hän yritti voittaa Juudaksen puolelleen sanan avulla mutta Hän tiesi että Juudas ei tulisi palaamaan Hänen tykönsä. Joten Markus 14:21 kertoo kuinka Jeesus suree: *"Niin, Ihmisen Poika tosin menee pois, niinkuin hänestä on kirjoitettu, mutta voi sitä ihmistä, jonka kautta Ihmisen Poika kavalletaan! Parempi olisi sille ihmiselle, että hän ei olisi syntynyt."*

Toisin sanoen, ihmiselle olisi parempi jos hän ei olisi koskaan

129

edes syntynyt, sillä niin kova on hänen kipunsa jos hän kokee
ensimmäisen tason rangaistuksen. Entä sitten Juudas? Häntä
rangaistaan kaikkein ankarimmalla rangaistuksella!

Helvettiin lankeamisen välttämiseksi

Kuka sitten pelkää Jumalaa ja pitää Hänen käskynsä?
Sellainen henkilö joka aina pyhittää Herran päivän ja antaa
Jumalalle täydet kymmenykset – kaksi kristillisen elämän
peruselementeistä.

Herran päivän pyhittäminen symboloi Jumalan hengellisen
maailman valtiuden tunnustamista. Herran päivän pitäminen
on merkki josta sinut tunnustaa Jumalan lapseksi. Mikään ei
kuitenkaan vahvista sinun asemaasi Jumalan lapsena jos sinä et
pidä Herran lepopäivää, eikä sillä ole mitän väliä kuinka paljon
sinä tunnustat uskoasi Jumalaan. Tällaisessa tapauksessa sinulla
ei ole muuta vaihtoehtoa kuin mennä helvettiin.

Täysien kymmenysten maksaminen Jumalalle tarkoittaa
että sinä tunnustat Jumalan valtiuden yli omaisuuden. Se
myös tarkoittaa sitä, että sinä tunnustat ja ymmärrät että koko
maailmankaikkeus kuuluu vain ja ainoastaan Jumalalle. Malakia
3:9 kertoo kuinka israelilaiset kirottiin sen jälkeen kun he olivat
"riistäneet [Jumalaa]." Hän loi koko maailmankaikkeuden
ja puhalsi sinuun elämän. Hän antaa sinulle aurigonvaloa ja
sadetta elääksesi, energiaa työntekoa varten ja varjelua päivätyön
turvaamiseksi. Jumala omistaa kaiken mitä sinulla on. Joten
vaikka kaikki tulomme kuuluvatkin Jumalalle, Hän salli meidän
antavan Hänelle ainoastaan kymmenyksen ansioistamme ja

käyttävän loput oman tahtomme mukaisesti. Malakia 3:10 kertoo kuinka Herra sanoi: *"Tuokaa täydet kymmenykset varastohuoneeseen, että minun huoneessani olisi ravintoa, ja siten koetelkaa minua, sanoo Herra Sebaot: totisesti minä avaan teille taivaan akkunat ja vuodatan teille siunausta ylenpalttisesti."* Niin kauan kuin me olemme uskollisia Jumalalle kymmenysten suhteen Hän avaa lupauksensa mukaisesti taivaan tulvaportit ja valuttaa niskaamme niin paljon siunauksia että meillä ei ole niille edes tarpeeksi tilaa. Jos sinä et kuitenkaan anna Jumalalle kymmenyksiä, se tarkoittaa sitä että sinä et usko Hänen lupaukseensa siunauksista ja että sinulla ei ole tarpeeksi uskoa pelastumiseen. Koska sinä olet riistänyt Jumalaa sinä et voi mennä muualle kuin helvettiin.

Joten meidän tulee aina pyhittää Herran lepopäivä, antaa aina täydet kymmenykset Jumalalle jolle kaikki kuuluu, ja pitää kaikki Hänen käskynsä kuten kuvailtu Raamatun 66:ssa kirjassa. Minä rukoilen, että yksikään tämän kirjan lukeneistä ei lankeaisi helvettiin.

Tässä kappaleessa me syvennyimme erilaisiin – neljään tasoon jaettuihin – rangaistuksiin jotka kohtaavat Alempaan hautaan joutuneita sieluja. Kuinka julma, pelottavan ja kurja paikka tämä onkaan.

2. Piet. 2:9-10 sanoo: *"Näin Herra tietää pelastaa jumaliset kiusauksesta, mutta tuomion päivään säilyttää rangaistuksen alaisina väärät, ja varsinkin ne, jotka lihan jäljessä kulkevat saastaisissa himoissa ja ylenkatsovat herrauden. Nuo uhkarohkeat, itserakkaat eivät kammo herjata henkivaltoja."*

131

Pahat miehet jotka tekevät syntiä ja pahoja tekoja sekä sekaantuvat ja häiritsevät kirkon työtä eivät pelkää Jumalaa. Sellaiset ihmiset jotka vastustavat Jumalaa eivät voi saada, eikä heidän tule etsiä, Jumalan apua vaikeina hetkinä, sillä he eivät voi sitä saada. Heidät on heitetty Alemman haudan syvyyksiin jossa heitä rankaistaan heidän tekojensa määrän ja laadun mukaisesti aina Valkean valtaistuimen Tuomiopäivään saakka.

Hyvän, vanhurskaan ja omistautuneen elämän elävät ihmiset ovat aina kuuliaisia Jumalalle uskossaan. Joten vaikka ihmisten pahuus täytti maailman ja Jumala avasi taivaan tulvaportit, me näemme että vain Nooa ja hänen perheensä pelastuivat (Genesis 6-8).

Meidän tulee tulla Jumalan kuuliaisiksi lapsiksi kaikessa mitä me teemme niinkuin Nooa, joka pelkäsi Jumalaa ja noudatti Hänen käskyjään, ja joka siten vältti tuomion ja saavutti pelastuksen. Niin meistäkin voi tulla uskollisia Jumalan lapsia ja me voimme saavuttaa ja täyttää Jumalan meitä koskevan suunnitelman.

Luku 6

Rangaistukset Pyhän Hengen Pilkkaamisesta

Jeesus sanoo Matteuksen luvuissa 12:31-32: *"Sentähden minä sanon teille: jokainen synti ja pilkka annetaan ihmisille anteeksi, mutta Hengen pilkkaamista ei anteeksi anneta. Ja jos joku sanoo sanan Ihmisen Poikaa vastaan, niin hänelle annetaan anteeksi; mutta jos joku sanoo jotakin Pyhää Henkeä vastaan, niin hänelle ei anteeksi anneta, ei tässä maailmassa eikä tulevassa."*

Jeeses puhui nämä sanat juutalaisille jotka olivat syyttäneet Häntä siitä, että Hän oli saarnannut evankeliumia ja tehnyt ihmetekoja. He väittivät, että Hän oli pahan hengen riivaama ja että Hän teki ihmetekonsa Saatana-vihollisen ja paholaisen voimalla.

Jopa nykyään monet ihmiset jotka tunnustavat uskovansa Kristukseen tuomitsevat voimallisia tekoja ja Pyhää Henkeä täynnä olevia kirkkoja, leimaten ne "harhaoppisiksi" tai "paholaisen teoiksi" ainostaan sen tähden, että he eivät kykene käsittämään tai hyväksymään mitä näissä paikoissa tapahtuu. Miten muuten Jumalan kuningaskunta voi sitten laajentua ja

133

evankeliumi levitä ympäri maailman kuin Jumalasta lähtöisin olevan vallan, eli Pyhän Hengen, tekojen kautta?

Pyhän Hengen tekojen vastustaminen on sama kuin itse Jumalan vastustaminen. Jumala ei tunnusta Hänen lapsikseen Pyhän Hengen tekoja vastustavia ihmisiä, pitivät he itseään sitten kuinka "kristittyinä" tahansa.

Joten pidä mielessäsi, että jos henkilö tuomitsee Jumalan palvelijat ja Hänen kirkkonsa "harhaoppiseksi" siitä huolimatta, että hän on nähnyt ja kokenut kuinka Jumala asuu Hänen palvelijoissaan ja kuinka Hänen ihmeelliset tekonsa ja merkkinsä ovat tapahtuneet, hän estää ja pilkkaa Pyhää Henkeä eikä hänelle ole varattu paikkaa mistään muualta kuin helvetistä.

Kenenkään ei pitäisi eikä kukaan voi tuomita tai leimata kirkkoa, pastoria tai Jumalan palvelijoita "harhaoppiseksi" jos tämä kirkko, pastori ja Jumalan palvelijat todellakin tunustavat Kolminaisen Jumalan, uskovat ja opettavat että Raamattu on Jumalan sana, ovat tietoisia elämästä joko helvetissä tai taivaassa Tuomion jälkeen, ja uskovat ja opettavat että Jumalalla on valta yli kaiken ja että Jeesus on meidän Pelastajamme.

Minä perustin Manmin Joong-ang-kirkon vuonna 1982 ja olen johdattanut lukemattomia ihmisiä pelastuksen tielle Pyhän Hengen tekojen kautta. Uskomatonta kyllä, niiden ihmisten joukosta, jotka ovat itse henkilökohtaisesti kokeneet elävän Jumalan tekoja, on löytynyt sellaisia henkilöitä jotka itse vastustivat Jumalaa vaikeuttamalla seurakunnan työtä ja sen päämäärien toteuttamista levittämällä minusta ja kirkosta juoruja ja valheita.

Jumalan selittäessä minulle helvetin kurjuudesta ja piinasta

Hän myös paljasti minulle minkälaiset rangaistukset odottavat Alemmassa Haudassa ihmisiä, jotka estävät ja pilkkaavat Pyhää Henkeä ja niskoittelevat sitä vastaan.

Kärsiminen kiehuvaa
nestettä täynnä olevassa padassa

Minä kadun ja kiroan avioliittovalaa
jonka solmin aviomieheni kanssa
Miksi minä olen tässä kurjassa paikassa?
Hän harhautti minua ja hänen tähtensä minä olen täällä!

Näin Alemmassa haudassa oleva vaimo valittaa kun häntä rangaistaan neljännen tason rangaistuksella. Syy siihen, että hänen piinattu valituksensa kaikuu pimeyden ja tuhkaisen tasangon ylitse on se, että hänen aviomiehensä johdatti hänen vastustamaan kanssaan Jumalaa.

Vaimo oli paha, mutta hänen sydämensä oli kuitenkin pelännyt Jumalaa aina tiettyyn pisteeseen saakka. Joten tämä nainen ei voinut estää Pyhää Henkeä tai vastustaa Jumalaa omin voiminensa. Naisen lihallisten halujen seurauksena hänen omatuntonsa lyöttäytyi yhteen hänen miehensä pahan omantunnon kanssa, ja yhdessä tämä pariskunta vastusti Jumalaa ja Hänen tekojaan.

Yhdessä pahaa tehnyttä pariskuntaa rangaistaan pariskuntana jopa Alemmassa haudassa missä he kärsivät kaikesta tekemistään pahoista teoista. Mitä Alemman haudan rangaistukset sitten

135

pitävät sisällään?

Pariskuntaa piinataan yksitellen

Pata on täynnä kauheaa hajua ja tuomitut sielut kastetaan kiehuvaan veteen yksi kerrallaan. Helvetin sanansaattajan laittaessa sielun pataan siinä olevan nesteen lämpötila polttaa koko kehon – jonka iho nyt muistuttaa rupikonnan ihoa – rakoille, ja sielun silmämunat lentävät ulos.

Suuret jalat tallovat sielujen päitä ja painavat ne pinnan alle aina kun sielut yrittävät epätoivoisesti välttää tätä piinaa nostamalla päänsä pinnan yläpuolelle. Sielut joutuvat vetäytymään takaisin pataan kärsien suurista haavoista ja mustelmista näiden jalkojen tallatessa heidän päitään.

Hetken kuluttua sielut nostavat taas päätään, sillä he eivät pysty sietämään tätä palavaa piinaa. Silloin heitä taas tallotaan aivan kuten niin monta kertaa aiemminkin, ja heidät työnnetään takaisin pataan. Sielut kärsivät tästä rangaistuksesta vuorotellen, joten kun aviomies on padan sisällä, hänen vaimonsa täytyy katsoa hänen kärsimystään ja päinvastoin.

Pata on läpinäkyvä, joten sen sisäpuoli näkyy sen ulkopuolelle. Aluksi kun aviomies tai vaimo näkevät kuinka heidän rakkaimpansa kärsii tästä piinasta ja kidutuksesta, he anovat toistensa puolesta armoa jakamansa kiintymyksen tähden:

Minun vaimoni on tuossa!
Ole kiltti ja päästä hänet pois!
Vapauta hänet kurjuudesta.

Ei, älä tallaa häntä.
Ole kiltti ja päästä hänet pois

Jonkin ajan kuluttua aviomiehen anonta kuitenkin lakkaa. Häntä on rangaistu muutama kerta ja hän ymmärtää nyt että hänen vaimonsa kärsiessä hän saa itse pitää tauon, ja että kun hänen vaimonsa pääsee pois padasta hän joutuu vuorostaan sen sisälle.

Toistensa syyttely ja kiroaminen

Tämän maailman avioparit eivät ole pareja taivaassa. Tämä aviopari pysyy kuitenkin pariskuntana Alemmassa haudassa jossa heitä rangaistaan yhdessä. Nyt heidän anontansa on täysin erilaista koska he tietävät että he vuorottelevat rangaistuksen kärsimisessä.

Ei, ei, älä päästä häntä pois.
Anna hänen pysyä siellä vielä kauemmin.
Jätä hänet sinne.
Jotta minä voin levätä kauemmin.

Vaimo tahtoo että hänen aviomiehensä kärsisi jatkuvasti, ja aviomies anoo että hänen vaimonsa pysyisi padassa mahdollisimman kauan. Toisen kärsimyksen katseleminen ei kuitenkaan anna toiselle aikaa levätä. Lyhyet tauot eivät korvaa kestävää piinaa, varsinkaan kun mies tietää että hänen vuoronsa koittaa vaimon jälkeen. Lisäksi kun toista pariskunnan jäsentä piinataan, hän näkee ja kuulee kuinka toinen anoo hänen rangaistuksensa pitkittämistä, ja niin he molemmat päätyvät kiroamaan toistaan.

Tässä me näemme lihallisen rakkauden seuraukset. Lihallisen rakkauden todellisuus – ja helvetin todellisuus – on, että toisen kärsiessä sietämättömästä määrästä piinaa hän toivoo että toinen joutuisi kokemaan sen itsensä puolesta.

Vaimo katuu, että hän vastusti Jumalaa "aviomiehensä tähden", ja hän sanoo miehelleen: "Minä olen täällä sinun takiasi!" Mies kiroaa ja syyttää kovemmalla äänellä vaimoaan, joka tuki ja otti osaa pahoihin tekoihin.

Mitä enemmän syntiä pariskunta tekee...

Alemman haudan helvetin sanansaattajat ovat hyvin iloisia ja tyytyväisiä kun tämä aviomies ja vaimo kiroavat toisiaan ja pyytävät sanansaattajilta että heidän puolisoaan rangaistaisiin kauemmin ja ankarammin.

Katso, he kiroavat toisiaan jopa täällä!
Heidän pahuutensa ilostuttaa meitä suunnattomasti!

Helvetin sanansaattajat seuraavat tätä näytelmää aivan kuin se olisi mielenkiintoinen elokuva, ja aina silloin tällöin ne kohentavat tulta nauttiakseen tapahtumista täysin siemauksin. Mitä enemmän mies ja vaimo kärsivät, sitä enemmän he kiroavat toisiaan ja helvetin sanansaattajien nauru kaikuu vieläkin kovaäänisemmin.

Meidän täytyy ymmärtää yksi asia. Pahat henget iloitsevat ja riemuistevat ihmisten tehdessä pahuutta tässä elämässä. Mitä enemmän pahaa ihmiset tekevät, sitä enemmän he vieraantuvat Jumalasta.

Paholais-vihollinen kiiruhtaa luoksesi ilomielin lisäämään koettelemuksiasi ja vaikeuksiasi aina silloin kun sinä kohtaat vaikeuksia tai kun sinä annat periksi maailmalla, valitat, suret tai katkeroidut ihmisiä tai olosuhteita kohtaan.

Hengellisen lain tuntevat viisaat miehet eivät koskaan valita tai sure. Sen sijaan he kiittävät kaikissa olosuhteissa ja tunnustavat uskonsa Jumalaan positiivisin mielin jotta he voisivat aina keskittyä sydämillään Häneen. Jos paha henkilö vaikuttaa sinuun, sinun tulee muistaa mitä Roomalaiskirje 12:21 sanoo: *"Älä anna pahan itseäsi voittaa, vaan voita sinä paha hyvällä"*, ja kohtaa pahuus aina hyvyydellä ja omista kaikkesi Jumalalle.

Sinä saat omata voiman ja vaikutusvallan jolla voittaa pahojen henkien vaikutusvalta kun sinä seuraat hyvyyttä ja kuljet valossa. Silloin Saatana-vihollinen ja paholainen eivät voi pitää sinua vastuussa pahuudesta, ja kaikki sinun vaikeutesi katoavat paljon nopeammin. Jumalaa miellyttää kun Hänen lapsensa toimivat ja elävät hyvän uskonsa mukaisesti.

Sinun ei tule missään tapauksessa säteillä pahuutta niinkuin Saatana-vihollinen ja paholainen tahtovat, vaan sinun tulee aina ajatella totuudessa ja käyttäytyä uskossa Isä Jumalaa miellyttävällä tavalla.

Pystysuoran kallion kiipeäminen

On erittäin todennäköistä, että joku päivä sinusta tulee Saatanan saalista jos sinä et ympärileikkaa sydäntäsi vaan jatkat syntien tekemistä vaikka sinä sitten olisitkin Jumalan palvelija, kirkon vanhempi tai Hänen kirkkonsa työntekijä. Jotkut ihmiset kääntyvät Jumalasta sillä he rakastavat maailmaa. Toiset lopettavat kirkossa käymisen tultuaan kiusatuksi. Jotkut myös vastustavat Jumalaa estämällä Hänen kirkkonsa suunnitelmia ja tehtäviä, ja tämä jättää heidät auttamattomasti kuoleman polulle.

Tapaus jossa koko perhe petti Jumalan

Seuraava on tarina perheestä, joka kuului eräälle henkilölle joka oli kerran ollut uskollinen Jumalan kirkon työntekijä. He eivät ympärileikanneet sydämiään jotka olivat täynnä kiivautta ja ahneutta. Tästä johtuen he käyttivät vaikutusvaltaa muita kirkon jäseniä kohtaan ja tekivät toistuvasti syntiä. Lopulta Jumalan rangaistus laskeutui heidän päälleen kun perheen isällä todettiin vakava sairaus. Koko perhe kokoontui yhteen ja alkoi tarjota Jumalalle sekä vilpittömiä katumuksen rukouksia että rukouspyyntöjä isän elämän puolesta.

Jumala hyväksyi nämä katumuksen rukoukset ja paransi isän. Jumala kertoi minulle tuolloin jotakin täysin yllättävää. Hän sanoi: "Jos minä kutsun hänen henkensä nyt niin hän ainakin saa osakseen häpeällisen pelastuksen. Jos minä annan hänen elää kauemmin hän ei tule saamaan *minkäänlaista* pelastusta."

En tuolloin ymmärtänyt mitä Hän tarkoitti, mutta muutamaa

kuukautta myöhemmin kun minä todistin kuinka perhe käyttäytyi minä ymmärsin mitä Hän oli tällä tarkoittanut. Yksi perheenjäsen oli ollut uskollinen kirkon työntekijä. Hän alkoi vastustaa Jumalan kirkkoa ja Hänen kuningaskuntaansa antamalla vääriä todistuksia kirkkoa vastaan ja tekemällä monia pahoja tekoja. Lopulta koko perhe harhautui ja he kaikki kääntyivät pois Jumalasta.

Entisen kirkkoni työntekijän estäessä ja pilkatessa Pyhää Henkeä hänen koko perheensä teki anteeksiantamattomia syntejä. Pian isä, joka oli parantunut rukoukseni kautta, kuoli. Isä olisi voinut pelastua jos hän olisi kuollessaan omannut edes sinapinsiemenen verran uskoa. Hän kuitenkin unohti uskonsa jättäen samalla itsensä pelastuksen ulkopuolelle. Jokainen perheenjäsen tulee lisäksi lankeamaan Alempaan hautaan johon myös heidän isänsä lankesi ja jossa kaikkia perheenjäseniä tullaan rankaisemaan. Mitä heidän rangaistuksensa tulee sisältämään?

Pystysuoran kallion kiipeäminen ilman lepoa

Alueella missä perhettä rangaistaan seisoo pystysuora kallionseinä. Tämä kallio on niin korkea, että sen huippua ei voida erottaa alhaalta katsottuna. Ilma on täynnä pelottavia kirkaisuja. Suunnilleen kallion puolessa välissä on kolme sielua jotka näyttävät kaukaa katsottuna vain kolmelta pisteeltä.

He kiipeävät tätä karkeaa ja kovaa kalliota paljain käsin ja -jaloin. Heidän kätensä ja jalkansa ovat kuin hiekkapaperilla hiottuja, ja heidän ihonsa kuoriutuu pian irti ja kuluu pois. He ovat täysin veren peitossa. Syy siihen, että he kiipeävät tätä

141

mahdottomalta vaikuttavaa kalliota pitkin on se, että he tahtovat välttää alueen yllä lenteleviä helvetin sanansaattajia.

Helvetin sanansaattaja katselee hetken aikaa kuinka nämä kolme sielua kiipeävät kalliota pitkin ja nostaa sitten kätensä. Tällöin pienet, täsmälleen helvetin sanansaattajien näköiset hyönteiset levittäytyvät koko maan ylle kuin vesisuihkusta lähtöisin olevat vesipisarat. Ne avaavat suunsa ammolleen ja paljastavat hampaansa, ja sitten nämä hyönteiset alkavat nopeasti kiivetä kalliota ylöspäin sielujen perässä.

Kuvittele, että sinä kohtaisit satoja noin sormenkokoisia tuhatjalkaisia, tarantelloja tai torakoita kotiin tullessasi. Kuvittele myös, että kaikki nämä pelottavan näköiset hyönteiset juoksevat sinua kohti samanaikaisesti.

Näiden hyönteisten näkeminen on tarpeeksi saamaan sinut pelokkaaksi. Hetki, jolloin kaikki nämä hyönteiset juoksevat sinua kohti saattaa olla koko elämäsi vertahyytävin hetki. Kuinka kukaan voisi kuvata sitä kauhistuttavaa näkyä jos nämä hyönteiset alkaisivat kiivetä jalkojasi pitkin ja peittäisivät sinut kokonaan alleen?

On mahdotonta nähdä onko näitä hyönteisiä Alemmassa haudassa satoja vai tuhansia. Sielut tietävät vain että niitä on lukematon määrä ja että he ovat kolmistaan niiden saalliita.

Lukemattomat hyönteiset kiiruhtavat kohti sieluja

Nämä kolme sielua kiipeävät kalliota nopeammin ja nopeammin nähdessään kallionseinän pohjalla olevat hyönteiset. Pian hyönteiset kuitenkin saavuttavat ja käyvät näiden kiipeilijöiden kimppuun. Sielut putoavat maahan johon heidät jätetään kaikkia kehon osia nakertavien hyönteisten uhriksi.

Näiden sielujen kehojen pureskelemisesta johtuva kipu on niin suuri ja sietämätön että he ulvovat kuin eläimet. Turhaan he kiemurtelevat ja ravistelevat itseään edestakaisin. He yrittävät ravistella hyönteisiä päältään mutta samalla he tallovat ja painavat toisiaan alas. Niin he kiroavat ja syyttelevät toisiaan jatkuvasti. Kaiken tuskan keskellä jokainen näistä sieluista säteilee pahaa kilpaa toistensa kanssa ja he hakevat vain omaa etuaan kiroten jatkuvasti toisiaan. Helvetin sanansaattajat näyttävät nauttivat tästä näkymästä enemmän kuin mistään muusta mitä he ovat nähneet.

Kaikki nämä hyönteiset katoavat kuitenkin yhdessä hetkessä kun alueen yläpuolella leijuva helvetin sanansaattaja ojentaa kätensä ja kerää ne talteen. Nyt nämä kolme sielua eivät tunne hyönteisten puremisen aiheuttamaa kipua mutta he eivät voi kuitenkaan lopettaa pystysuoran kallion kiipeämistä. He tietävät, että pian heidän yllään lentävä helvetin sanansaattaja vapauttaa hyönteiset uudelleen. He aloittavat kiipeämisen uudelleen kaikin voimin. Tämän kammottavan hiljaisuuden vallitessa nämä kolme sielua kokevat musertavaa pelkoa siitä mikä on tuleva, ja niin he jatkavat kallion kiipeämistä.

On vaikeaa olla huomioimatta heidän kiipeilynsä aiheuttamien haavojen kipua. Pelko siitä että hyönteiset syövät heidän kehoaan ja repivät sen palasiksi on kuitenkin paljon kipua suurempi, ja niin nämä kolme sielua kiipeävät mahdollisimman nopeasti siitä huolimatta että he ovat veren peitossa. Kuinka kurja tämä näky onkaan!

Suun polttaminen hehkuvalla raudalla

Sananlaskut 18:21 sanoo: *"Kielellä on vallassansa kuolema ja elämä; jotka sitä rakastavat, saavat syödä sen hedelmää."* Jeesus sanoo seuraavasti Matteuksen luvuissa 12:36-37: *"Mutta minä sanon teille: jokaisesta turhasta sanasta, minkä ihmiset puhuvat, pitää heidän tekemän tili tuomiopäivänä. Sillä sanoistasi sinut julistetaan vanhurskaaksi, ja sanoistasi sinut tuomitaan syylliseksi."* Nämä kaksi kohtaa kertovat meille että Jumala pitää meitä vastuullisina sanoistamme ja että Hän tuomitsee meidät niiden mukaisesti.

Totuuden hyviä sanoja puhunut henkilö kantaa sanojensa mukaisesti hyvää hedelmää. Pahoja sanoja ilman uskoa puhunut henkilö taas kantaa pahoja hedelmiä hänen pahoilta huuliltaan kuuluneiden pahojen sanojen mukaisesti. Joskus me näemme kuinka varomattomasti lausutut sanat voivat tuoda mukanaan sietämättömän määrän kestämätöntä kipua ja tuskaa.

Jokainen sana maksetaan takaisin

Jotkut uskovat sanovat tai rukoilevat perheensä vainoamisen tähden, että "Jos perheeni katuu onnettomuuden takia niin tämä on sen arvoista." Heti kun Saatana-vihollinen ja paholainen kuulevat tämän he syyttävät tätä henkilöä Jumalan edessä, sanoen: "Tämän henkilön sanojen tulisi täyttyä." Joten sanoista tulee siemeniä ja onnettomuus, joka jättää ihmisiä sairaiksi ja aiheuttaa lisää hankaluuksia, tulee todellakin tapahtumaan.

Onko sinulla tarvetta tuoda niskaasi kärsimyksiä näin

hölmöjen ja tarpeettomien sanojen kautta? Ikävä kyllä, monet ihmiset horjuvat murheen pimentäessä heidän elämänsä. Toiset eivät edes ymmärrä, että vaikeudet ovat saapuneet heidän omien sanojensa tähden, kun taas toiset eivät edes muista mitä he sanoivat aiheuttaakseen tällaista hätää.

Joten sinun tulee muistaa, että jokainen sana tullaan maksamaan takaisin tavalla tai toisella, ja meidän täytyy siis käyttäytyä aina parhain päin ja hillitä kielemme. Siitä huolimatta mikä meidän alkuperäinen aikeemme oli, Saatana voi helposti –ja mielellään – saada sinut vastuulliseksi sanoistasi jos ne eivät olleet hyviä ja kauniita, ja niin sinä voit kohdata vaikeuksia jotka ovat kivuliaita ja usein tarpeettomia.

Mitä tapahtuu jos joku kertoo tahallaan valeita Jumalan kirkosta ja Hänen rakkaista palvelijoistaan, estäen siten kirkon tehtäviä ja vastustaen Jumalaa? Tällainen henkilö johdetaan nopeasti Saatanan vaikutusvallan ja helvetin rangaistuksen alaiseksi.

Seuraava on vain yksi esimerkki niistä rangaistuksista jotka lankeavat niiden päälle jotka teoillaan estävät Pyhää Henkeä.

Ihmiset jotka vastustavat Pyhää Henkeä sanoillaan

Seuraavaksi minä kerron henkilöstä joka kävi ja palveli kirkossani pitkän aikaa ja toimi useissa kirkon asemissa. Hän ei kuitenkaan ympärileikannut sydäntään, mikä on kaikista kristityn velvollisuuksista tärkein. Ulkoapäin katsottuna vaikutti siltä että hän oli kaikin puolin uskollinen työntekijä joka rakasti Jumalaa, kirkkoa ja hänen kirkkonsa kanssajäseniä.

Eräs hänen perheenjäsenensä oli parannettu parantumattomasta sairaudesta joka olisi voinut jättää hänet pysyvästi vammautuneeksi, kun taas toinen hänen perheenjäsenensä oli vironnut kuoleman porteilta. Näiden lisäksi miehen perhe oli kokenut useita Jumalan siunauksia ja kokemuksia, mutta hän ei silti koskaan ympärileikannut sydäntään tai heittänyt pois kaikkea pahaa.

Kun kirkko kohtasi vakavia vaikeuksia, Saatana houkutteli tätä perhettä pettämään sen. Mies ei muistanut sitä armoa ja niitä siunauksia jotka hän oli kirkon kautta saanut osakseen, ja niin hän jätti kirkon. Hän myös alkoi vastustaa tätä kirkkoa, ja pian hän alkoi vierailla kirkon jäsenten luona ja sekaantua heidän uskoonsa ikään kuin hän olisi evankelioimistehtävällä.

Mies olisi voinut saada tilaisuuden Jumalan säälin saamiseksi jos hän olisi jättänyt kirkon uskonsa epävarmuuden tähden, ja jos hän olisi pysynyt hiljaa sellaisten asioiden suhteen joita hän ei tuntenut, ja jos hän olisi yrittänyt erottaa oikean väärästä.

Hän ei kuitenkaan pystynyt voittamaan sisällään olevaa pahuutta, ja hän teki liikaa syntiä kielellään. Nyt häntä odottaa kivulias takaisinmaksu.

Suu poltetaan ja kehoa väännetään

Helvetin sanansaattaja polttaa hänen suunsa kuumalla raudalla koska hän oli vastustanut Pyhää henkeä jyrkästi suustaan tulevilla sanoilla. Tämä rangaistus on samankaltainen kun se joka kohtasi Pontius Pilatusta, joka omin sanoin tuomitsi viattoman Jeesuksen ristiinnaulittavaksi ja jonka kieli on nyt pysyvästi poistettu Alemmassa haudassa.

Lisäksi sielu tungetaan lasiseen putkeen jonka molempiin päihin on laitettu tulppa jossa on metallikahvat. Kun helvetin sanansaattajat vääntävät näitä kahvoja, vangitun sielun keho vääntyy. Hänen kehoaan väännetään enemmän ja enemmän, ja samalla tavalla kuin likaista vettä väännetään mopista, sielun veri purskahtaa hänen silmien, nenän, suun ja muiden ruumiinaukkojen kautta. Lopulta kaikki hänen verensä ja sappensa valuu hänen soluistaan.

Voitko sinä kuvitella kuinka paljon voimaa vaaditaan yhden veritipan vääntämiseen sormestasi?

Sielun vereä ja sappea ei puristeta pelkästään yhdestä ruumiinosasta vaan koko kehosta aina sen päästä varpaisiin saakka. Kaikki hänen luunsa ja lihaksensa vääntyvät ja musertuvat, ja kaikki hänen solunsa hajoavat niin että ruumiin viho viimeinenkin nestetippa voidaan puristaa siitä ulos. Kuinka kivuliasta tämän täytyykään olla!

Lopulta lasiputki on täynnä verta ja sappea niin että pitemmän matkan päästä se näyttää siltä kuin se olisi täynnä punaviiniä. Helvetin sanansaattajat jättävät sielun rauhaan hetkeksi aikaa jotta se voisi palautua ennalleen sen jälkeen kun ne ovat vääntäneet sielun kehoa niin kauan että sen vihoviimeinenkin veripisara on pusertunut ulos.

Mutta mitä toivoa tällä sielulla olisi vaikka hänen kehonsa palautuisikin ennalleen? Heti kun hänen kehonsa palautuu ennalleen sen vääntely ja puristus toistetaan ilman loppua. Toisin sanoen, kidutusten välillä olevat tauot ovat vain yksi sen osa.

Sielun huulet poltetaan koska hän on estänyt Jumalan

valtakunnan saapumista kielellään, ja palkkioksi siitä että hän on aktiivisesti auttanut Saatanan töitä kaikki hänen kehossaan oleva neste puristetaan siitä pois.

Hengellisessä maailmassa henkilö korjaa mitä hän on kylvänyt, ja mitä tahansa hän on tehnytkin tulee myös tehdyksi hänelle. Pidä tämä mielessäsi äläkä anna pahalle periksi vaan elä elämä joka kirkastaa Jumalaa tekemällä ja sanomalla vain hyviä tekoja ja sanoja.

Suunnattoman suuret kidutuskoneet

Tämä sielu koki henkilökohtaisesti Pyhän Hengen tekoja tullessaan parannetuksi sairaudestaan ja heikkoudestaan. Tämän jälkeen hän rukoili sydämensä pohjasta ympärileikatakseen sydämensä. Pyhä Henki johdatti ja valvoi hänen elämäänsä joka kantoi nyt hedelmää, ja hän sai osakseen kirkon jäsenten ylistystä ja rakkautta ja hänestä tuli kirkon saarnaaja.

Oman ylpeytensä vangitsema

Tämän miehen lähiympäristö rakasti ja ylisti häntä, ja hänestä tuli hiljalleen niin ylpeä ettei hän enää nähnyt itseään oikealla tavalla ja tunnottomasti hän lopetti sydämensä ympärileikkaamisen. Hän oli aina ollut kiivas ja mustasukkainen mies, mutta sen sijaan että hän olisi heittänyt nämä paheet pois hän alkoi arvostella ja tuomita oikeassa olevia ihmisiä. Hän kantoi myös kaunaa kaikkia niitä vastaan jotka eivät miellyttäneet häntä tai olleet hänen kanssaan samaa mieltä.

Pahuus alkaa säteillä henkilöstä, eikä hän enää hillitse itseään tai halua kuunnella kenenkään neuvoa kun hänen ylpeytensä vangitsee hänet ja saa hänet tekemään pahaa. Tämä sielu kasasi pahuutta pahuuden päälle, jäi kiinni Saatanan ansaan ja vastusti avoimesti Jumalaa.

Pelastus ei ole täydellistä kun me otamme Pyhän Hengen vastaan. Sinä olet kuin maratonjuoksija joka on yhä pitkän matkan päässä maalista – puhdistautumisesta – vaikka sinä olisitkin täynnä Pyhää Henkeä, kokisit armoa ja palvelisit Jumalaa. Oli juoksija sitten kuinka hyvä tahansa, ei juoksusta ole ollut hänelle mitään hyötyä jos hän pyörtyy tai keskeyttää juoksun. Useat ihmiset juoksevat kohti maaliviivaa – taivasta. Vaikka sinä olisit juossut kuinka nopeasti tahansa, ja siitä huolimatta kuinka lähelle maaliviivaa sinä olet päässyt, jos sinä keskeytät juoksun, se on kilpailun loppu sinun osaltasi.

Älä oleta että sinä seisot vakaasti

Jumala sanoo meille että meidät hylätään jos me olemme "penseitä" (Ilmestyskirja 3:16). Sinun tulee olla aina täynnä Pyhää Henkeä vaikka sinä olisitkin uskon mies tai nainen, pitää yllä palavaa rakkautta Jumalaa kohtaan sekä tunkeutua taivaan valtakuntaan. Sinä olet kuin ne, jotka eivät ottaneet osaa kilpailuun alunperinkään jos sinä keskeytät juoksun, etkä sinä voi tulla pelastetuksi.

Tästä syystä Jumalalle koko sydämellään uskollinen ollut apostoli Paavali tunnusti että: *"Joka päivä minä olen kuoleman kidassa, niin totta kuin te, veljet, olette minun kerskaukseni Kristuksessa Jeesuksessa, meidän Herrassamme"* (1. Korinttolaiskirje 15:31), ja että: *"vaan minä kuritan ruumistani ja masennan sitä, etten minä, joka muille saarnaan, itse ehkä joutuisi hyljättäväksi"* (1. Korinttolaiskirje 9:27).

Jumala tulee hylkäämään sinut vaikka sinä olisitkin asemassa jossa sinä opetat muita jos sinä et heitä pois omia ajatuksiasi ja rankaise ruumistasi tehdäksesi siitä Paavalin tavoin orjasi. Tee näin, sillä *"Teidän vastustajanne, perkele, käy ympäri niinkuin kiljuva jalopeura, etsien, kenen hän saisi niellä"* (1. Piet. 5:8).

1. Korinttolaiskirje 10:12 sanoo: *"Sentähden, joka luulee seisovansa, katsokoon, ettei lankea."* Hengellinen maailma on loputon, eikä meidän tulemiselle yhä enemmän Jumalan kaltaiseksi ole myöskään loppua. Kuin maanviljelijä, joka kylvää siemenet keväällä, kasvattaa niitä koko kesän ajan ja sitten korvaa satonsa talvella, niin myös sinun tulee edetä jatkuvasti saadaksesi sielusi kukoistamaan ja ollaksesi valmis tapaamaan Herra Jeesuksen.

Pään vääntäminen ja pistäminen

Minkälaiset rangaistukset odottavat tätä sielua joka lopetti sydämensä ympärileikkaamisen sen tähden että hän kuvitteli seisovansa vakaasti mutta lopulta kuitenkin lankesi?

Helvetin sanansaattajaa, langennutta enkeliä, muistuttava kone kiduttaa häntä. Kone on monta kertaa helvetin sanansaattajaa korkeampi ja pelkästään sen näkeminen kylmää sieluasi. Kidutuskoneen käsissä on teräviä ja piikkimäisiä, tavallista ihmistä pidempiä, kynsiä.

Tämä suuri kidutuskone pitää oikealla kädellään sielun kaulasta kiinni ja vääntää sen päätä vasemman kätensä kynsillä jotka pistävät sielun kalloa ja kaivautuvat hänen aivoihinsa. Voitko sinä edes kuvitella kuinka kivuliasta tämän täytyy olla?

Fyysinen kipu on suunnatonta; henkinen kipu on sietämättömämpää. Sielun silmien edessä näkyy dia-shown tapainen esitys joka näyttää hänen elämänsä onnellisimmat hetket: sen onnen jonka hän koki kokiessaan Jumalan armon ensimmäistä kertaa ylistäen Häntä onnellisesti, ajan jolloin hän oli innokas täyttämään Jeesuksen käskyn mennä ja tehdä kaikista kansoista Hänen omiaan, ja niin edespäin.

Henkinen piina ja pilkka

Jokainen kohtaus on sielulle kuin tikari sydämeen. Hän oli kerran kaikkivaltiaan Jumalan palvelija joka unelmoi Uuden Jerusalemin kirkkaudessa asumisesta. Nyt hän on tämän kurjan paikan vanki. Tämä vastakohtaisuus repii hänen sydämensä palasiksi. Sielu ei voi enää sietää tätä henkistä piinaa ja hän hautaa verisen ja sekaisen päänsä käsiinsä. Hän anoo armoa ja kidutuksen päättymistä mutta tälle piinalle ei ole loppua.

Jonkin ajan kuluttua kidutuskone tiputtaa sielun maan tasolle. Sitten sielun kärsimistä katselleet helvetin sanansaattajat ympäröivät hänet pilkaten. Ne sanovat: "Kuinka sinä olet voinut olla Jumalan palvelija? Sinusta tuli Saatanan apostoli, ja nyt sinä olet Saatanan huvia."

Sielun kuunnellessa tätä pilkkaa, nyyhkintää ja armonhuutoja, kidutuskone nostaa hänet kaulasta kahdella oikean käden sormellaan. Kiinnittämättä huomiota sielun kiemurteluun kone nostaa hänet kaulansa korkeudelle ja pistää sielun päätä vasemman käden terävillä ja piikkimäisillä kynsillä. Kone aiheuttaa lisää piinaa näyttämällä dia-shown uudelleen. Kidutus jatkuu Tuomiopäivään saakka.

Puunrunkoon sidottu

Tämä on rangaistus joka kohtaa Jumalan entistä palvelijaa joka ennen opetti kirkkonsa jäseniä ja oli vastuussa useista tärkeistä asemista.

Pyhän Hengen vastustaminen

Tämän sielun luonnossa asui vahva halu saada mainetta, maallista omaisuutta sekä vaikutusvaltaa. Hän teki velvollisuutensa ahkerasti mutta ei ymmärtänyt omaa pahuuttaan. Eräässä vaiheessa hän lakkasi rukoilemasta, lopettaen siten yrityksensä ympärileikata sydämensä. Hänen sitä huomaamatta kaikenlainen pahuus kasvoi hänessä kuin sienet sateella, ja kirkon kohdatessa vakavan kriisin hän joutui välittömästi Saatanan voiman alaiseksi.

Hän oli tullut Saatanan kiusaamaksi, ja kun hän vastusti Pyhää Henkeä kaikista hänen synneistään tuli entistä vakavampia, sillä hän oli ollut kirkkonsa johtaja ja hän vaikutti useisiin kirkon jäseniin negatiivisesti, estäen siten Jumalan kuningaskuntaa.

Kidutuksen ja pilkan kohde

Tätä miestä rangaistaan sitomalla hänet puunrunkoon Alemmassa haudassa. Vaikka hänen rangaistuksensa ei ole yhtä ankara kuin Juudas Iskariotin, se on silti ankara ja sietämätön.

Helvetin sanansaattaja esittää sielulle dia-shown joka näyttää hänelle kohtauksia jotka esittävät hänen elämänsä onnellisimpia hetkiä, lähinnä ajoilta jolloin hän oli Jumalan uskollinen palvelija. Tämä henkinen piina muistuttaa sielua siitä että hän oli kerran onnellinen ja että hänellä oli ollut mahdollisuus saada osakseen Jumalan runsaita siunauksia. Hän ei kuitenkaan koskaan ympärileikannut sydäntään ahneutensa ja valheen tähden, ja niin hän päätyi helvettiin kärsimään rangaistustaan.

Katosta roikkuu lukemattomia hedelmiä, ja näytettyään sielulle kohtauksen dia-showsta helvetin sanansaattaja osoittaa kattoa ja pilkkaa häntä, sanoen: "Sinun ahneutesi kantoi tämänkaltaisia hedelmiä!" Sitten hedelmät putoavat yksi kerrallaan. Jokainen hedelmä on pää, joka kuuluu henkilölle joka seurasi tätä sielua Jumalaa vastaan. He tekivät samoja syntejä kuin tämä sielu, ja loput heidän kehoistaan on leikattu irti hirvittävien kidutusten päätteeksi. Vain heidän katoista roikkuvat päänsä ovat jäljellä. Puunrunkoon sidottu sielu usutti ja houkutteli näitä ihmisiä tässä maailmassa seuraamaan ahneutta ja tekemään pahaa, ja niin heistä tuli hänen ahneutensa hedelmiä.

Aina kun helvetin sanansaattaja pilkkaa häntä tämä pilkka toimii merkkinä näille hedelmille pudota ja revetä yksi kerrallaan. Sitten pää vierähtää napsahtaen säkistä ulos. Erilaiset draamat, historialliset ohjelmat, toimintadokumentit, näytelmät tai filmit joissa henkilön kurkku on katkaistu näyttävät usein kuinka kuolleen henkilön tukka on sekaisin, hänen kasvonsa veriset, huulet rakkulaiset ja silmät mulkoilevat. Katosta putoilevat päät näyttävät samankaltaisilta kuin nämä draamoissa ja elokuvissa näytetyt päät.

Katosta putoavat päät syövät sielua

Katosta putoilevat sielut tarrautuvat sieluun yksi kerrallaan. Ensin ne tarrautuvat hänen jalkoihinsa ja purevat ne pois.

Sielun katsoessa toista dia-shown kohtausta helvetin sanansaattaja pilkkaa häntä toistamiseen, sanoen: "Katso, sinun ahneutesi roikkuu tällä tavalla!" Sitten toinen säkki putoaa katosta ja purskahtaa auki, ja taas uusi pää tarrautuu sieluun ja puree hänen käsiään.

Aina kun helvetin sanansaattaja pilkkaa sielua, päät putoavat katosta yksi kerrallaan. Nämä päät roikkuvat sielun kehon ympärillä kuin puun kantamat runsaat hedelmät. Näiden päiden puremista aiheutuva kipu on täysin erilaista verrattuna jonkun tämän maailman eläimen puremasta aiheutuvaan kipuun. Näiden hampaiden myrkky leviää purema-alueilta sisempiin luihin muuttaen kehon kovaksi ja tummaksi. Tämä kipu on niin hirvittävää että hyönteisten syömiseksi tuleminen tai petojen raatelemaksi tuleminen vaikuttaa paljon vähemmän kivuliaalta.

Päättömät sielut joutuvat kärsimään piinasta joka aiheutuu siitä että heidän kehonsa on leikattu irti ja revitty palasiksi. Kuinka paljon kaunaa he tuntevatkaan tätä sielua kohtaan? Vaikka he vastustivatkin Jumalaa omasta tahdostaan, heidän halunsa kostaa lankeamisensa sielulle on pahanhaluista ja epätoivoista.

Sielu tietää että häntä rangaistaan hänen ahneutensa tähden. Sen sijaan että hän katuisi syntejään hän kuitenkin vain kiroaa häntä purevien ja musertavien sielujen päitä. Ajan kuluessa kipu vain lisääntyy ja nämä sielut muuttuvat ilkeämmiksi ja pahemmiksi.

Sinun ei tule tehdä anteeksiantamattomia syntejä

Minä olen antanut esimerkkejä niistä rangaistuksista jotka kohtaavat Jumalaa vastustavia ihmisiä. Nämä sielut kärsivät vakavammista rangaistuksista kuin monet muut, sillä he ovat jossain elämänsä vaiheessa työskennellyt Jumalalle edistääkseen Hänen kuningaskuntaansa Hänen kirkkonsa vanhempina.

Meidän tulee muistaa, että monet Alempaan hautaan langenneista sieluista jotka kärsivät siellä rangaistuksistaan luulivat uskovansa Jumalaan sekä palvelevansa Häntä, Hänen palvelijoitaan sekä Hänen kirkkoaan uskollisesti ja innokkaasti.

Sinun tulee myös muistaa että sinun ei tule koskaan puhua Pyhää Henkeä vastaan tai vastustaa tai pilkata sitä. Pyhää Henkeä vastustaneille ei anneta katumuksen henkeä, varsinkaan jos he ovat vastustaneet Pyhää Henkeä sen *jälkeen* kun he ovat tunnustaneet uskonsa Jumalaan ja sen *jälkeen* kun he ovat kokeneet henkilökohtaisesti Pyhän Hengen tekoja. Joten he eivät voi edes katua.

Saarnaurani alkupäivistä tähän päivään saakka minä en ole koskaan kritisoinut muita kirkkoja tai muita Jumalan palvelijoita enkä minä ole koskaan leimannut heitä "harhaoppisiksi." Kuinka muut kirkot ja pastorit voisivat olla harhauskoisia jos he uskovat kolmiyhteiseen Jumalaan, tunnustavat taivaan ja helvetin olemassaolon sekä saarnaavat pelastusta Jeesuksen Kristuksen kautta?

Kirkon tai palvelijan tuomitseminen ja leimaaminen on selvästi Pyhän Hengen vastustamista jos Jumalan valta ja voima näyttäytyvät tämän kirkon tai sen palvelijan kautta. Pidä mielessäsi että tällaista syntiä ei anneta anteeksi.

Joten kukaan ei voi tuomita toista "harhaoppiseksi" ennenkuin totuus on selvitetty. Lisäksi sinun ei tule koskaan tehdä Pyhän Hengen vastustamisen tai estämisen syntiä kielelläsi.

Jos sinä hylkäät Jumalan antamat velvollisuutesi

Meidän ei tule koskaan hylätä Jumalan antamia velvollisuuksiamme oman mielemme mukaan missään olosuhteissa. Jeesus painotti velvollisuuksien tärkeyttä talenttien vertauskuvan kautta (Matteus 25).

Mies oli menossa matkalle. Hän kutsui palvelijansa ja luotti heidän säilöönsä omaisuutta heidän kykyjensä mukaisesti. Hän antoi ensimmäiselle palvelijalle viisi talenttia, toiselle kaksi ja kolmannelle yhden. Ensimmäinen ja toinen palvelija sijoittivat rahat ja he molemmat tuplasivat rahansa. Yhden ainoan talentin saanut palvelija kuitenkin kaivoi maahan kuopan ja hautasi isäntänsä rahat. Pitkän ajan kuluttua isäntä palasi ja teki palvelijoidensa kanssa tiliä. Kaksi ja viisi talenttia saaneet palvelijat näyttivät isännälle tuplaamansa rahat. Isäntä ylisti heitä ja sanoi: "Hyvin tehty, hyvät ja uskolliset palvelijan!" Sitten mies joka oli saanut yhden talentin hylättiin, sillä hän ei sijoittanut rahojaan eikä ansainnut yhtään korkoa vaan ainoastaan säilöi sen. Tässä "talentti" edustaa Jumalan antamaa velvollisuutta. Jumala hylkää sen joka säilöö velvollisuutensa. Silti useat ihmiset meidän ympärillämme hylkäävät Jumalan heille antamat velvollisuutensa. Sinun tulee ymmärtää, että ne jotka hylkäävät heille annetut velvollisuudet tulevat varmasti tuomituiksi Tuomiopäivänä.

Heitä pois tekopyhyys ja ympärileikkaa sydämesi

Jeesus viittasi myös sydämen ympärileikkaamisen tärkeyteen toruessaan lain opettajia ja fariseuksia tekopyhiksi. Lainopettajat ja fariseukset näyttivät elävän uskollisia elämiä, mutta heidän sydämensä olivat täynnä pahaa ja tästä syystä Jeesus nuhteli heitä, sanoen että he olivat kuin puhtaaksipestyjä hautoja.

Voi teitä, kirjanoppineet ja fariseukset, te ulkokullatut, kun te olette valkeiksi kalkittujen hautojen kaltaisia: ulkoa ne kyllä näyttävät kauniilta, mutta ovat sisältä täynnä kuolleitten luita ja kaikkea saastaa! Samoin tekin ulkoa kyllä näytätte ihmisten silmissä hurskailta, mutta sisältä te olette täynnä ulkokultaisuutta ja laittomuutta. (Matteus 23:27-28).

Tästä samasta syystä sinulle on hyödytöntä panna meikkiä tai pukeutua parhaimpiin vaatteisiisi jos sinun sydämesi on täynnä kateutta, vihaa tai ylpeyttä. Jumala tahtoo enemmän kuin mitään muuta että me ympärileikkaisimme sydämemme ja heittäisimme pois pahuutemme.

Evankelisointi, kirkon jäsenistä huolehtiminen ja kirkon palveleminen on kaikki tärkeää. Kaikista tärkeintä on kuitenkin rakastaa Jumalaa, kulkea valossa ja tulla enemmän ja enemmän Jumalan kaltaiseksi. Sinun tulisi olla yhtä pyhä kuin mitä Jumala on pyhä, ja sinun tulisi olla yhtä täydellinen kuin mitä Jumala on täydellinen.

Sinun nykyinen innostuksesi Jumalaa kohtaan voi laimeta jos ei ole peräisin vilpittömästä sydämestä ja täydestä uskosta, ja siten sinä et voi miellyttää Jumalaa. Toisaalta, jos sinä ympärileikkaat sydämesi tullaksesi pyhäksi ja kokonaiseksi, sinun sydämesi tulee tuoksullaan miellyttämään Jumalaa.

Tärkeämpää sinulle kuin se, kuinka paljon Jumalan sanaa sinä olet kenties oppinut ja tiedostanut, on se, että sinä asetat mielesi käyttäytyäksesi ja elääksesi sanan mukaisesti. Sinun tulisi aina pitää mielessäsi kivuliaan helvetin olemassaolo, puhdistaa sydämesi, ja kun Herra Jeesus palaa, sinä tulet olemaan yksi ensimmäisten joukossa jotka tulevat syleilemään Häntä.

1. Korinttolaiskirje 2:12-14 kertoo meille: *"Mutta me emme ole saaneet maailman henkeä, vaan sen Hengen, joka on Jumalasta, että tietäisimme, mitä Jumala on meille lahjoittanut; ja siitä me myös puhumme, emme inhimillisen viisauden opettamilla sanoilla, vaan Hengen opettamilla, selittäen hengelliset hengellisesti. Mutta luonnollinen ihminen ei ota*

vastaan sitä, mikä Jumalan Hengen on; sillä se on hänelle
hullutus, eikä hän voi sitä ymmärtää, koska se on tutkisteltava
hengellisesti."

Ilman Jumalan meille paljastamia Pyhän Hengen tekoja ja sen apua, kuinka kukaan lihan maailmassa voisi puhua hengellisistä asioista ja ymmärtää niitä?

Itse Jumala on paljastanut tämän todistuksen helvetistä, ja siten sen jokainen osa on totta. Helvetin rangaistukset ovat niin hirvittäviä, että sen sijaan että minä olisin kertonut kaikki yksityiskohdat minä olen kirjoittanut vain muutamasta piinaavasta esimerkistä. Pidä myös mielessäsi, että monet Alempaan hautaan langenneista ihmisistä ovat joskus olleet uskollisia Jumalan palvelijoita.

Sinä tulet melkein varmasti Saatanan houkuttelemaksi ja sinä vastustat Jumalaa ja päädyt helvettiin jos sinä et täytä tiettyjä pääsyvaatimuksia. Tämä tarkoittaa lähinnä sitä, että sinä lopetat rukoilemisen ja sydämesi ympärileikkaamisen.

Minä rukoilen Herran nimessä, että sinä ymmärtäisit kuinka pelottava ja kurja paikka helvetti on, ja että sinä yrittäisit pelastaa mahdollisimman monia sieluja, että sinä rukoilisit palavasti, saarnaisit evankeliumia ahkerasti ja tutkiskelisit itseäsi jatkuvasti voidaksesi saavuttaa tätdellisen pelastuksen.

Luku 7

Pelastus Suuren Ahdistuksen Aikana

Tutkiessamme nykypäivän tapahtumia tai Raamatun profetioita meille käy selväksi, että aika on kypsä ja Herran toinen tuleminen lähestyy. Viime vuosien aikana maailma on kokenut lukuisia maanjäristyksiä ja tulvia jotka ovat suuruudeltaan niin voimakkaita että vastaavaa tapahtuu vain kerran vuosisadassa.

Tämän lisäksi toistuvasti raivoavat valtaisat metsäpalot, hurrikaanit ja hirmumyrskyt jättävät jälkeensä tuhoa ja lukuisia uhreja. Useat ihmiset kärsivät ja kuolevat pitkien kuivuuksien aiheuttamasta nälästä. Suuri osa maailmaa on todistanut ja kokenut otsonikerroksen ohenemisen, "El Niñon," "La Niñan" sekä muiden tekijöiden aiheuttamia epänormaaleja sääilmiöitä.

Lisäksi maiden välisille sodille ja konflikteille, terroristiteoille ja muille väkivallanteoille ei näytä olevan loppua. Ihmisten moraalittomista teoista on tullut arkipäiväisiä tapahtumia joita välitetään joukkoviestintävälineiden kautta.

Jeesus Kristus ennusti nämä ilmiöt kaksi tuhatta vuotta sitten vastatessaan Hänen opetuslastensa kysymykseen: *"Ja kun hän istui Öljymäellä, tulivat opetuslapset erikseen hänen tykönsä ja sanoivat: 'Sano meille: milloin se tapahtuu, ja mikä on sinun tulemuksesi ja maailman lopun merkki?'"* (Matteus 24:3).

Kuinka tosia ovat esimerkiksi nämä seuraavat jakeet?

Sillä kansa nousee kansaa vastaan ja valtakunta valtakuntaa vastaan, ja nälänhätää ja maanjäristyksiä tulee monin paikoin. Mutta kaikki tämä on synnytystuskien alkua (Matteus 24:7-8).

Joten jos sinä omaat todellista uskoa sinun tulisi tietää, että Jeesuksen paluun päivä on erittäin lähellä, ja sinun tulisi pysyä valveilla viiden viisaan neitsyen tavoin (Matteus 25:1-13). Sinun ei tarvitse koskaan tulla hyljätyksi viiden typerän neitsyen tavoin jotka eivät valmistaneet tarpeeksi öljyä lamppujaan varten.

Kristuksen Saapuminen sekä Tempaus

Noin kaksi tuhatta vuotta sitten meidän Herramme Jeesus kuoli ristillä, nousi kuolleista kolmantena päivänä ja nousi taivaaseen monien ihmisten edessä. Apostolien teot 1:11 sanoo: *"ja nämä sanoivat: 'Galilean miehet, mitä te seisotte ja katsotte taivaalle? Tämä Jeesus, joka otettiin teiltä ylös taivaaseen, on tuleva samalla tavalla, kuin te näitte hänen taivaaseen menevän.'"*

Jeesus tulee palaamaan pilvissä

Jeesus Kristus on avannut tien pelastukseen, mennyt taivaaseen, istunut Jumalan oikealla puolella ja on tällä hetkellä valmistamassa meille asuinsijoja. Jumalan valitsemalla hetkellä, kun meidän asuinpaikkamme taivaassa ovat valmiita, Jeesus tulee palaamaan viedäkseen meidät mukanaan. Hän ennusti jakeessa 14:3, *"Ja vaikka minä menen valmistamaan teille sijaa, tulen minä takaisin ja otan teidät tyköni, että tekin olisitte siellä, missä minä olen."*

Miltä Jeesuksen paluun hetki tulee näyttämään?

1. Tessalonikalaiskirje 4:16-17 kuvaa kohtauksen jossa Jeesus tulee alas taivaasta lukemattomien taivaallisten isäntien ja enkeleiden sekä Kristuksessa kuolleiden kanssa:

Sillä itse Herra on tuleva alas taivaasta käskyhuudon, ylienkelin äänen ja Jumalan pasunan kuuluessa, ja Kristuksessa kuolleet nousevat ylös ensin; sitten meidät, jotka olemme elossa, jotka olemme jääneet tänne, temmataan yhdessä heidän kanssaan pilvissä Herraa vastaan yläilmoihin; ja niin me saamme aina olla Herran kanssa.

Kuinka loistavaa se tuleekaan olemaan Jeesukselle Kristukselle kun Hän palaa pilvissä lukuisien taivaallisten isäntien ja enkeleiden ympäröimänä ja vartioimana! Tuolloin uskonsa kautta pelastuneet ihmiset temmataan ilmaan ja he ottavat osaa seitsenvuotiseen Hääjuhlaan.

Kuolleet, mutta Kristuksessa pelastuneet, heräävät ensin henkiin ja heidät temmataan ilmaan. Heitä seuraavat ne, jotka ovat yhä elossa Jeesuksen paluun aikoihin, ja heidän kehonsa vaihdetaan katoamattomiin kehoihin.

Tempaus ja Seitsenvuotinen Hääjuhla

"Tempaus" on tapahtuma jonka aikana uskovat nostetaan ilmaan. Missä sitten sijaitsee 1. Tessalonikalaiskirje 4:n mainitsema "ilma?"

Efesolaiskirje 2:2 sanoo: *"Joissa te ennen vaelsitte tämän maailman menon mukaan, ilmavallan hallitsijan, sen hengen hallitsijan, mukaan, joka nyt tekee työtään tottelemattomuuden lapsissa."* Tämän mukaan "ilma" viittaa paikkaan, jossa pahoilla hengillä on vaikutusvaltaa.

Tämä pahojen henkien paikka ei kuitenkaan tarkoita seitsenvuotisen Hääjuhlan pitopaikkaa. Isä Jumala on valmistanut erityisen paikan näitä pitoja varten. Raamattu kutsuu tätä valmistettua paikka "ilmaksi" samalla tavoin kuin pahojen henkien paikkaa siitä syystä, että nämä kaksi paikka sijaitsevat samassa tilassa.

On kenties vaikea ymmärtää missä tämä "ilma" tarkalleen sijaitsee kun sinä katselet taivaalle, samalle, jossa sinä tulet tapaamaan Jeesuksen ja jossa seitsenvuotinen Hääjuhla tullaan järjestämään. Vastaus tähän kysymykseen on vastattu "Luentoja Geneksiksestä"-luentosarjassa sekä kaksiosaisessa Taivas-kirjassa.

Ole hyvä ja tutustu näihin sanomiin, sillä on hyvin tärkeää että sinä ymmärrät hengellisen maailman oikein ja uskot Raamattuun siinä muodossa kuin mitä se on.

Voitko sinä kuvitella kuinka iloisia kaikki Jeesukseen uskovat tulevatkaan olemaan kun he vihdoin tapaavat Hänet valmistettuaan itsestään Hänen morsiamiaan ja kun he ottavat osaa omaan seitsemän vuotta kestävään hääjuhlaansa?

"Iloitkaamme ja riemuitkaamme ja antakaamme kunnia hänelle, sillä Karitsan häät ovat tulleet, ja hänen vaimonsa on itsensä valmistanut. Ja hänen annettiin pukeutua liinavaatteeseen, hohtavaan ja puhtaaseen: se liina on pyhien vanhurskautus." Ja hän sanoi minulle: "Kirjoita: Autuaat ne, jotka ovat kutsutut Karitsan hääaterialle!" Vielä hän sanoi minulle: "Nämä sanat ovat totiset Jumalan sanat" (Ilmestyskirja 19:7-9).

Taivaaseen temmatut uskovat tulevat saamaan palkkion siitä hyvästä että he ovat voittaneet maailman. Ne, jotka eivät tulleet temmatuiksi, tulevat kärsimään käsittämättömän suurista kärsimyksistä pahojen henkien käsissä jotka ajetaan pois ilmasta maahan Jeesuksen palatessa takaisin.

Suuren Ahdistuksen Seitsemän Vuotta

Pelastetut uskovat nauttivat seitsemän vuotta kestävistä hääpidoista ilmassa Jeesuksen Kristuksen kanssa, ja he jakavat

ilonsa Hänen kanssaan ja suunnittelevat iloista tulevaisuuttaan.
Taakse maan päälle jätetyt taas kohtaavat ennennäkemättömiä koettelemuksia seitsemän vuoden ajan, ja kuvailemattomat ja hirvittävät katastrofit iskevät ihmiskuntaa vastaan.

Kolmas maailmansota ja pedon merkki

Maailmanlaajuisen ydinsodan – kolmannen maailmansodan – aikana kolmasosa kaikista maan puista palaa poroksi ja kolmasosa ihmiskuntaa tulee kuolemaan. Saman sodan aikana hengitettäväksi kelpaavan ilman ja veden löytäminen tulee olemaan saasteen tähden vaikeaa ja ruuan ja muiden elintärkeiden tuotteiden hinnat tulevat nousemaan pilviin. Pedon merkki, "666" tuodaan esille ja kaikkien on otettava se joko oikeaan käteensä tai otsaansa. Merkistä kieltäytyvän henkilön henkilöllisyydestä ei voida mennä takuuseen, ja niin hän ei pysty tekemään minkäänlaisia toimituksia tai tekemään minkäänlaisia ostoksia, ei edes välttämättömien tarvikkeiden.

Ja se saa kaikki, pienet ja suuret, sekä rikkaat että köyhät, sekä vapaat että orjat, panemaan merkin oikeaan käteensä tai otsaansa, ettei kukaan muu voisi ostaa eikä myydä kuin se, jossa on merkki: pedon nimi tai sen nimen luku. Tässä on viisaus. Jolla ymmärrys on, se laskekoon pedon luvun; sillä se on ihmisen luku. Ja sen luku on kuusisataa kuusikymmentä kuusi (Ilmestyskirja 13:16-18).

Jeesuksen paluun ja riemuitsemisen jälkeen maan päälle jää

ihmisiä jotka ovat kuulleet evankeliumia ja käyneet kirkossa, ja nyt he muistavat Jumalan sanan.

On olemassa niitä, jotka hylkäsivät uskonsa tahallaan, sekä niitä, jotka luulivat olevansa uskossa, mutta jotka ovat silti jääneet jälkeen. Nämä ihmiset olisivat eläneet hyvän elämän Kristuksessa jos he olisivat uskoneet Raamattuun koko sydämellään.

Sen sijaan he olivat aina haaleita ha sanoivat itselleen: "Minä saan selville kuolemani jälkeen onko taivas ja helvetti todella olemassa", ja siten he eivät ole omanneet pelastukseen tarvittavaa uskoa.

Pedon merkin ottavien ihmisten rangaistukset

Tällaiset ihmiset ymmärtävät että jokainen Raamatun sana on täyttä totta vasta sitten kun he todistavat Riemua. He surevat ja itkevät katkerasti. Suuren pelon vallassa he katuvat etteivät he eläneet Jumalan tahdon mukaisesti, ja he etsivät epätoivoisesti tietä pelastukseen. He myös tietävät, että pedon merkin ottaminen vie heidät helvettiin, ja he tekevät kaikkensa välttyäkseen sen ottamiselta. Tämä on yksi tapa jolla he yrittävät todistaa uskonsa.

Ja heitä seurasi vielä kolmas enkeli, joka sanoi suurella äänellä: "Jos joku kumartaa petoa ja sen kuvaa ja ottaa sen merkin otsaansa tai käteensä, niin hänkin on juova Jumalan vihan viiniä, joka sekoittamattomana on kaadettu hänen vihansa maljaan, ja häntä pitää tulella ja tulikivellä vaivattaman pyhien enkelien edessä ja Karitsan edessä. Ja

heidän vaivansa savu on nouseva aina ja iankaikkisesti,
eikä heillä ole lepoa päivällä eikä yöllä, heillä, jotka petoa
ja sen kuvaa kumartavat, eikä kenelläkään, joka ottaa sen
nimen merkin. Tässä on pyhien kärsivällisyys, niiden, jotka
pitävät Jumalan käskyt ja Jeesuksen uskon" (Ilmestyskirja
14:9-12).

Pedon merkistä kieltäytyminen ei ole kuitenkaan helppoa
etenkään maailmassa jossa pahat henget ovat ottaneet kaiken
valtaansa. Pahat henget tietävät että nämä ihmiset tulevat
pelastetuiksi jos he kieltäytyvät 666-merkistä ja kuolevat
marttyyreina. Joten pahat henget eivät tule tai pysty antamaan
helposti periksi.

Alkukirkon päivien aikana kaksi tuhatta vuotta sitten
useat viralliset tahot vainosivat kristittyjä ristiinnaulitsemalla,
mestaamalla ja hylkäämällä heidät leijonien saaliiksi.
Lukemattomat ihmiset saisivat osakseen nopean kuoleman
suuren seitsemän vuotta kestäneen Ahdistuksen aikana jos
heitä vainottaisiin ja tapettaisiin tällä tavalla. Pahat henget eivät
kuitenkaan tee oloja helpoiksi jäljelle jääneille sieluille näiden
seitsemän vuoden aikana. Pahat henget pakottavat ihmiset
kieltämään Jeesuksen kaikin mahdollisin keinoin käyttämällä
ihmisiä vastaan kaikkia käytössään olevia resursseja. Tämä
ei kuitenkaan tarkoita sitä, että ihmiset voisivat paeta piinaa
tekemällä itsemurhan, sillä itsemurha johtaa vain helvettiin.

Marttyyreiksi tulevat

Minä olen jo maininnut muutamia pahojen henkien käyttämiä julmia metodeja. Suuren Ahdistuksen aikana käsittelemättömän julmia kidutuskeinoja tullaan käyttämään täysin vapaasti. Vain pieni määrä ihmisiä tulee pelastumaan tämän jakson aikana, sillä tämän piinan sietäminen on lähes mahdotonta.

Joten meidän kaikkien tulee pysyä hengellisesti hereillä kaikkina aikoina sekä omata sellainen usko, joka tulee nostamaan meidät ilmaan Kristuksen Saapumisen hetkellä.

Rukoillessani Jumalaa Hän näytti minulle näyn jossa tempauksen jälkeen jäljelle jääneitä ihmisiä kidutettiin eri tavoin. Minä näin kuinka suurin osa ihmisistä antoi lopulta pahoille hengille periksi koska he eivät pystyneet kestämään tätä kidutusta.

Kidutukset vaihtelevat ihmisten ihon nylkemisestä heidän niveltensä rikkomiseen ja murskaamiseen, ja heidän sormiensa poisleikkaamisesta kiehuvan öljyn kaatamiseen heidän päälleen. Jotkut ihmiset saattavat sietää omaa piinaansa mutta he eivät pysty katsomaan kuinka heidän vanhat vanhempansa tai nuoret lapset kärsivät, ja niin hekin antavat periksi 666-merkin edessä.

Pieni joukko vanhurskaita ihmisiä kuitenkin pystyy vastustamaan kaikkia houkutuksia ja piinaa. Nämä ihmiset tulevat pelastumaan. He ovat kiitollisia ja iloisia siitä että he eivät lankea helvettiin, vaikka heidän pelastuksensa onkin häpeällinen ja he astuvat taivaaseen kuuluvaan Paratiisiin.

Tämän tähden meidän velvollisuutemme on levittää sanomaa

helvetistä ympäri koko maailman. Vaikka kenties vaikuttaakin siltä että ihmiset eivät kiinnitä siihen mitään huomiota tällä hetkellä, se saattaa auttaa heidän pelastumistaan jos he muistavat sen suuren Ahdistuksen aikana.

Jotkut sanovat että he tulevat kuolemaan marttyyrin kuoleman pelastuakseen jos Tempaus todella tapahtuu ja heidät jätetään jälkeen.

Jos he eivät kuitenkaan pysty uskomaan tämän rauhaisan ajan aikana, niin kuinka he pystyisivät puolustamaan uskoaan tällaisen raa'an piinan keskellä? Me emme pysty edes ennustamaan mitä seuraavan kymmenen minuutin aikana tulee tapahtumaan. Jos nämä ihmiset kuolevat ennenkuin he saavat tilaisuuden kuolla marttyyrin kuoleman, heitä odottaa pelkästään helvetti.

Marttyyrius Suuren Ahdistuksen Aikana

Anna minun selittää Suuren Ahdistuksen piinaa käyttämällä erästä sielua esimerkkinä jotta sinä voisit ymmärtää Ahdistusta paremmin ja jotta sinä voisit välttää sitä paremmin pysymällä hengellisesti hereillä.

Saatuaan Jumalan ylitsevuotavan armon osakseen tämä nainen näki ja kuuli suuria ja jopa salattuja asioita Jumalasta ja Hänen kunniastaan. Hänen sydämensä oli kuitenkin täynnä pahuutta ja hänellä oli vain vähän uskoa.

Näiden Jumalan lahjojen avulla hän suoritti tärkeitä velvollisuuksia, toimi tärkeässä osassa Jumalan kuningaskunnan laajentamiseksi ja miellytti usein Jumalaa teoillaan. Ihmisten on helppo olettaa: "Kirkossa tärkeitä velvollisuuksia täyttävien miesten ja naisten täytyy omata paljon uskoa."

Tämä ei ole kuitenkaan välttämättä totta. Jumalan silmissä lukemattomien uskovien usko on kaikkea paitsi "suurta." Jumala ei mittaa lihallista uskoa, ainoastaan hengellistä uskoa.

Jumala tahtoo hengellistä uskoa

Tutkikaamme seuraavaksi "hengellistä uskoa" keskittymällä siihen kuinka israelilaiset vapautettiin Egyptistä. Israelilaiset todistivat ja kokivat Jumalan kymmenen vitsausta. He todistivat kuinka Punainen meri jakautui kahtia ja kuinka faarao armeijoineen hukkui. He kokivat Jumalan ohjaavan käden päivisin pilvisen pylvään kautta ja öisin tulisen pylvään kautta. Joka päivä he söivät taivaan mannaa, kuulivat pilvissä istuvan Jumalan äänen ja näkivät Hänen tuliset tekonsa. He joivat vettä kalliosta Mooseksen lyötyä sitä sauvallaan ja näkivät kuinka Marahin katkera vesi muuttui makeaksi. He todistivat jatkuvasti elävän Jumalan tekoja ja merkkejä, mutta siitä huolimatta heidän uskonsa ei miellyttänyt tai tyydyttänyt Jumalaa. Joten loppujen lopuksi he eivät voineet astua Kanaanin luvattuun maahan (4. Moos. 20:12),

Usko ei ole todellista uskoa jos siihen ei kuulu tekoja, tiesi henkilö sitten kuinka paljon Jumalan sanaa tahansa, tai oli hän sitten todistanut kuinka monia Jumalan tekoja ja ihmeitä tahansa. Jos me taas saamme omata hengellistä uskoa, me emme lopeta Jumalan sanan opettelemista; meistä tulee sanalle kuuliaisia, me ympärileikkaamme sydämemme ja vältämme

171

kaikenlaista pahaa. Se, omaammeko me "suurta" tai "vähäistä" uskoa, riippuu siitä kuinka kuuliaisia me olemme Jumalan sanalle, kuinka pitkälti me käyttäydymme ja elämme sen mukaisesti sekä kuinka paljon me olemme Jumalan sydämen kaltaisia.

Ylpeyden toistuva niskoittelu

Joten tällä naisella oli vain vähän uskoa. Hän yritti ympärileikata sydämensä jonkin aikaa mutta hän ei pystynyt hylkäämään pahaa kokonaan. Tämän lisäksi hänestä tuli yhä ylpeämpi sen tähden, että hän oli asemassa jossa hän saattoi saarnata Jumalan sanaa.

Tämä nainen luuli, että hän omasi todellista ja suurta uskoa. Hän meni jopa niin pitkälle että hän kuvitteli että Jumalan tahto ei voinut toteutua tai käydä toteen jos hän ei ollut paikalla sitä auttamassa. Sen sijaan että hän olisi antanut Jumalalle kunnian, hänelle Jumalan antamien lahjojen tähden hän alkoi lisääntyvästi ottaa kunnian itselleen. Hän lisäksi käytti hänen haltuunsa uskottua Jumalan omaisuutta hänen omien syntisten halujensa tyydyttämiseen.

Hän oli jatkuvasti tottelematon. Hän meni länteen vaikka tiesikin että Jumala tahtoi hänen menevän itään. Jumala hylkäsi Israelin ensimmäisen kuninkaan Saulin tämän tottelemattomuuden tähden (1. Samuel 15:22-23), ja samalla tavalla jatkuva niskoittelu saa Jumalan kääntämään Hänen kasvonsa pois ihmisistä vaikka nämä olisivatkin joskus olleet Jumalan instrumentteja joiden avulla Hän toteutti ja laajensi kuningaskuntaansa.

Tämä nainen oli tietoinen synneistään sillä hän tunsi sanaa, ja niin hän katui jatkuvasti syntejään. Hänen katumuksen rukouksensa ulottui kuitenkin vain hänen huuliinsa, ei hänen sydämeensä. Hän päätyi tekemään samoja syntejä uudestaan ja uudestaan, lisäten siten Hänen ja itsensä välillä olevan synnin muurin korkeutta.

2. Piet. 2:22 sanoo: *"Heille on tapahtunut, mitä tosi sananlasku sanoo: 'Koira palaa oksennukselleen', ja: 'Pesty sika rypee rapakossa'"*. Kaduttuaan syntejään hän teki niitä uudelleen ja uudelleen.

Lopulta Jumala käänsi kasvonsa hänestä, sillä nainen oli kopeutensa, ahneutensa ja lukemattomien syntien vallassa, ja lopulta hänestä tuli Saatanan väline Jumalan vastustamiseksi.

Kun lopullinen mahdollisuus katumiseen annetaan

Ihmiset jotka ovat puhuneet Pyhää Henkeä vastaan tai pilkanneet ja vastustaneet sitä eivät yleensä saa anteeksi. He eivät saa enää koskaan uutta mahdollisuutta katumiseen, ja siten he päätyvät Alempaan hautaan.

Tämä nainen on kuitenkin erilainen. Huolimatta kaikista niistä synneistä ja pahuudesta jotka loukkasivat Jumalaa uudelleen ja uudelleen, Hän on antanut hänelle vielä yhden tilaisuuden katua. Tämä johtuu siitä, että tämä nainen oli kerran kallisarvoinen Jumalan instrumentti Hänen kuningaskuntansa laajentamiseen. Siitä huolimatta, että nainen oli hylännyt velvollisuutensa ja lupaukset taivaan kunniasta ja palkkioista,

Jumala antaa tälle naiselle vielä yhden, viimeisen mahdollisuuden, sillä nainen oli kerran miellyttänyt Jumalaa suuresti. Hän vastustaa yhä Jumalaa, ja hänessä ollut Pyhä Henkin on tukahtunut. Jumalan erityisen armon kautta tämä nainen saa kuitenkin marttyyriuden kautta viimeisen mahdollisuuden katumiseen ja pelastuksen saamiseen suuren Ahdistuksen aikana. Hänen ajatuksensa ovat yhä Saatanan hallitsemia, mutta tempauksen jälkeen hän tulee palaamaan järkiinsä. Hän tuntee Jumalan sanan erittäin hyvin, ja tämän tähden hän tietää minkälainen polku häntä odottaa. Ymmärrettyään että ainut tapa saada pelastus on marttyyrius, hän tulee katumaan perinpohjaisesti, keräämään ympärilleen taakse jääneitä kristittyjä sekä palvomaan, ylistämään ja rukoilemaan heidän kanssaan valmistautuessaan marttyyriuttaan varten.

Marttyyrin kuolema ja häpeällinen pelastus

Hetken koittaessa tämä nainen tulee kieltäytymään 666-merkistä ja tämän johdosta hänet viedään pois Saatanan kätyreiden kidutettavaksi. He nylkevät hänen ihonsa kerros kerrokselta. He jopa polttavat tulella hänen kehonsa pehmeimpiä ja yksityisimpiä osia. He keksivät keinon kiduttaa häntä tavalla joka on kaikista kivuliain ja pitkäkestoisin. Pian huone on täynnä palavan lihan hajua. Hänen kehonsa on täysin veren peitossa aina päästä varpaisiin saakka, hänen päänsä roikkuu maata kohden ja hänen kasvonsa ovat kuin ruumiin sinipunaiset kasvot.

Hän tulee saamaan häpeällisen pelastuksen ja luvan astua Paratiisiin hänen lukuisista synneistä ja pahasta menneisyydestään huolimatta jos hän kestää tätä piinaa sen loppuun saakka. Paratiisi sijaitsee taivaan laitamilla ja se on kaikista kauimpana Jumalan Valtaistuimesta. Täällä nainen tulee suremaan ja itkemään tämän maailman tekojaan. Hän on tietenkin kiitollinen siitä että hän on pelastunut, mutta hän tulee katumaan hyvin kauan aikaa Uudesta Jerusalemista unelmoiden. "Jos minä olisin hylännyt pahan ja toimittanut Jumalan velvollisuuksia koko sydämelläni minä olisin nyt kaikista kirkkaimmassa paikassa Uudessa Jerusalemissa..." Nainen tulee aina olemaan häpeissään ja nolo kun hän näkee tässä maailmassa tuntemiaan ihmisiä jotka nyt asuvat Uudessa Jerusalemissa.

Jos hän ottaa 666-merkin vastaan

Siinä tapauksessa, että nainen ei kestä piinaa ja ottaa sen tähden pedon merkin, hänet heitetään ennen Uuden vuosituhannen alkua Alempaan hautaan, missä häntä rangaistaan naulitsemalla hänet ristille Juudas Iskariotin taakse. Alemmassa haudassa hänen rangaistuksensa tulee olemaan niistä samoista kidutuksista kärsiminen joista hän kärsi suuren Ahdistuksen aikana. Tuhannen vuoden ajan hänen ihonsa nyljetään ja poltetaan tulella uudelleen ja uudelleen.

Häntä kiduttavat sekä helvetin sanansaattajat että ne jotka tekivät pahaa häntä seuratessaan. Myös heitä rangaistaan heidän pahojen tekojensa mukaisesti, ja he purkavat kipunsa ja vihansa häneen.

Heitä rangaistaan tällä tavalla aina Uuden vuosituhannen loppuun saakka. Tuomion jälkeen nämä sielut joutuvat tulen ja tulikiven palavaan helvettiin, missä heitä odottavat yhä ankarammat rangaistukset.

Kristuksen Toinen Tuleminen ja Vuosituhat

Kristus tulee siis palaamaan ilman halki ja ilmaan temmatut tulevat nauttimaan seitsemän vuotta kestävistä hääpidoista Hänen kanssaan. Samaan aikaan taivaasta ajetut pahat henget tulevat aloittamaan suuren Ahdistuksen maan päällä.

Joten Jeesus Kristus tulee palaamaan maahan ja Vuosituhat tulee alkamaan. Tänä aikana pahat henget on kahlittu Syvyyteen. Seitsemänvuotisen hääjuhlan ja suuren Ahdistuksen aikana marttyyreiksi tulleet hallitsevat maailmaa ja jakavat Jeesuksen Kristuksen rakkauden tuhannen vuoden ajan.

Autuas ja pyhä on se, jolla on osa ensimmäisessä ylösnousemuksessa; heihin ei toisella kuolemalla ole valtaa, vaan he tulevat olemaan Jumalan ja Kristuksen pappeja ja hallitsevat hänen kanssaan ne tuhannen vuotta (Ilmestyskirja 20:6).

Pieni joukko suuresta Ahdistuksesta selvinneitä lihallisia ihmisiä tulee myös elämään maan päällä Vuosituhannen aikana. Ne, jotka ovat jo kuolleet pelastusta kokematta, tulevat kuitenkin rangaistuiksi Alemmassa haudassa.

Tuhatvuotinen Kuningaskunta

Vuosituhannen saapuessa ihmiset tulevat nauttimaan Eedenin puutarhan päivien kaltaisesta rauhasta, sillä maailmassa ei ole pahoja henkiä. Jeesus Kristus sekä pelastetut hengelliset ihmiset elävät kuninkaiden linnoja muistuttavassa kaupungissa lihallisista ihmisistä erossa. Hengelliset ihmiset elävät kaupungissa ja suuresta Ahdistuksesta selviytyneet ihmiset elävät tämän kaupungin ulkopuolella.

Jeesus Kristus puhdistaa maailman ennen Vuosituhannen saapumista. Hän puhdistaa saastuneen ilman ja uudistaa puut, kasvit, vuoret ja purot. Hän luo kauniin ympäristön.

Lihalliset ihmiset yrittävät lisääntyä mahdollisimman usein ja nopeasti, sillä heitä on jäljellä vain muutamia. Puhtaan ilman ja pahojen henkien poissaolon johdosta maailmassa ei ole tauteja tai pahuutta. Epävanhurskaus ja lihallisten ihmisten sydämissä oleva pahuus ei näyttäydy tänä aikana, sillä pahuutta säteilevät pahat henget on kahlittu Syvyyteen.

Ihmiset elävät satoja vuosia kuten Noaan aikana. Pian maailma on täynnä lukemattomia ihmisiä tuhannen vuoden ajan. Ihmiset eivät syö lihaa vaan pelkästään hedelmiä. sillä kukaan ei tuhoa elämää.

Kestää kauan aikaa ennenkuin nämä ihmiset saavuttavat tämän päivän tieteelliset saavutukset, sillä suuri osa ihmiskuntaa on tuhoutunut suuren Ahdistuksen aikaisten sotien aikana. Ajan kuluessa tämän sivilisaation taso saattaa saavuttaa tämän päivän tason heidän lisätessä tietouttaan ja viisauttaan.

Hengelliset ihmiset ja lihalliset ihmiset asuvat yhdessä

Jeesuksen Kristuksen kanssa elävien hengellisten ihmisten ei tarvitse syödä lihallisten ihmisten tavoin, sillä heidät on jo siirretty ylösnousseisiin, hengellisiin kehoihin. Yleensä he nauttivat kukkien aromeja ja muita vastaavia asioita, mutta halutessaan he voivat myös syödä samaa ruokaa lihallisten ihmisten kanssa. Hengelliset ihmiset eivät kuitenkaan nauti fyysistä ruokaa, ja vaikka he syövätkin sitä, he eivät eritä samalla tavalla kuin lihalliset ihmiset. Ylösnoussut Jeesus hengitti syötyään kalaa, ja samalla tavalla hengellisten ihmisten syömä ruoka vapautuu ilmaan heidän hengityksensä kautta.

Hengelliset ihmiset myös saarnaavat ja todistavat lihallisille ihmisille Jeesuksesta Kristuksesta jotta nämä eivät antaisi periksi kiusausten edessä kun pahat henget vapautetaan hetkeksi Syvyydestä Vuosituhannen päätyttyä. Tämä tapahtuu juuri ennen Tuomiota, joten Jumala on kahlinnut pahat henget Syvyyteen ainostaan tuhannen vuoden ajaksi, ei pysyvästi (Ilmestyskirja 20:3).

Vuosituhannen lopussa

Vuosituhannen päättyessä tuhannen vuoden ajaksi Syvyyteen kahlitut pahat henget vapautetaan hetkeksi aikaa. Ne alkavat kiusata ja harhauttaa rauhassa eläneitä lihallisia ihmisiä. Suurin osa ihmisistä antavat periksi kiusaukselle ja he harhautuvat siitä huolimatta, että hengelliset ihmiset ovat opettaneet heitä vastustamaan pahoja henkiä. Vaikka hengelliset ihmiset ovat varoittaneet yksityiskohtaisesti siitä mitä on tuleva, lihalliset ihmiset tulevat silti kiusatuksi ja he suunnittelevat vastustavansa ja sotivansa hengellisiä ihmisiä vastaan.

Ja kun ne tuhat vuotta ovat loppuun kuluneet, päästetään saatana vankeudestaan, ja hän lähtee villitsemään maan neljällä kulmalla olevia kansoja, Googia ja Maagogia, kootakseen heidät sotaan, ja niiden luku on kuin meren hiekka. Ja he nousevat yli maan avaruuden ja piirittävät pyhien leirin ja sen rakastetun kaupungin. Mutta tuli lankeaa taivaasta ja kuluttaa heidät (Ilmestyskirja 20:7-9).

Jumala tulee kuitenkin tuhoamaan tulella sotaan lähteneet lihalliset ihmiset, ja Hän heittää hetkeksi vapautetuksi pahat henget takaisin Syvyyteen Valkean valtaistuimen Suuren tuomion jälkeen.

Lopulta myös Vuosituhannen aikana lisääntyneet lihalliset ihmiset tulevat tuomituiksi Jumalan oikeuden mukaisesti. Kaikki jotka eivät tulleet pelastetuiksi – joihin lukeutuvat myös ne jotka selviytyivät seitsemän vuotta kestäneestä suuresta Ahdistuksesta – heitetään helvettiin. Pelastuksen saaneet astuvat taivaaseen, ja he tulevat asumaan uskonsa mukaisesti taivaan eri asuinpaikoissa, esim. Uudessa Jerusalemissa, Paratiisissa, ym.

Valkean valtaistuimen Suuren tuomion jälkeen hengellinen maailma jaetaan taivaaseen ja helvetiin. Minä selitän tästä enemmän seuraavassa luvussa.

Valmistautuminen olemaan
Herran kaunis morsian

Välttyäksesi tulemasta jätetyksi jälkeen suureen Ahdistukseen sinun tulee valmistaa itseäsi Jeesuksen Kristuksen kauniiksi morsiameksi ja tervehtiä Häntä Hänen saapuessaan takaisin maahan.

Matteus 25:1-13 sisältää vertauskuvan kymmenestä neitsyestä joka toimii hyvänä opetuksena kaikille meille uskoville. Sinä saatat tunnustaa uskosi Jumalaan, mutta sinä et saa tervehtiä ylkääsi Jeesusta Kristusta jos sinulla ei ole tarpeeksi öljyä lampussasi. Viisi neitsyttä valmisti öljynsä niin, että he saattoivat tervehtiä ylkäänsä ja astua hääpitoihin. Toiset viisi neitsyttä taas eivät valmistaneet öljyään, eivätkä he voineet ottaa osaa pitoihin.

Kuinka me voimme sitten valmistaa itsemme viiden viisaan neitsyen tavoin, tulla Herran morsiameksi, ja välttyä lankeamasta suureen Ahdistukseen ja saada sen sijaan ottaa osaa Hääjuhlaan?

Rukoile palavasti ja pysy valppaana

Sinä voit olla tuore uskova ja omata heikon uskon, mutta niin kauan kuin sinä teet parhaasi ympärileikataksesi sydämesi, Jumala tulee pitämään sinut turvassa tulisten koettelemusten keskellä. Olivat olosuhteet sitten kuinka vaikeita tahansa, Jumala käärii sinut elämän peittoon ja saa sinut voittamaan vaikeutesi helposti.

Jumala ei kuitenkaan voi suojella ihmisiä jotka ovat lakanneet rukoilemasta, eivät enää ihaile puhdistautumista ja ovat lakanneet sydämensä ympärileikkaamisen. Tämä on näin siitä huolimatta, että he ovat saattaneet olla uskovia kauan aikaa, että he ovat suorittaneet Jumalan asettamia velvollisuuksia ja että he tietävät paljon Jumalan sanasta.

Kohdatessasi vaikeuksia sinun tulee pystyä kuuntelemaan Pyhän Hengen ääntä voidaksesi voittaa ne. Jos sinä et kuitenkaan rukoile, niin kuinka sinä voisit kuunnella Pyhän Hengen ääntä ja elää voitokasta elämää? Jos sinä et ole täyttynyt kokonaan Pyhällä Hengellä sinä tulet luottamaan yhä suuremmassa määrin omiin ajatuksiisi, ja aina silloin tällöin sinä kompastut Saatanan houkuttelemana.

Lähestyessämme lopun aikoja pahat henget kulkevat ympäriinsä karjuen kuin leijonat etsiessään uhreja joita syödä, sillä ne tietävät että myös niiden aika on lopussa. Me näemme usein kuinka laiska oppilas pänttää ja menettää yöunensa koetta edeltävien päivien aikana. Jos sinä olet uskova joka on tietoinen siitä, että me elämme aikojen loppumista edeltävissä päivissä, sinunn tulee pysyä valppaina ja valmistaa itsesi Herran kauniiksi morsiamiksi.

Hylkää paha ja ole Herran kaltainen

Minkälaiset ihmiset pysyvät sitten valppaina? He rukoilevat taukoamatta, ovat aina täynnä Pyhää Henkeä, uskovat Jumalan sanaan ja elävät Hänen sanansa mukaisesti.

Ollessasi aina valpas kaikkina aikoina sinä kommunikoit jatkuvasti Jumalan kanssa niin, että sinä et tule pahojen henkien kiusaamaksi. Tämän lisäksi sinä selviydyt helposti kaikista koettelemuksista, sillä Pyhä Henki tekee sinut tietoiseksi kaikista tulevista asioista etukäteen, johdattaa sinua polullasi ja sallii sinun ymmärtää totuuden sanan.

Ihmiset jotka eivät pysy valppaina eivät voi kuitenkaan kuulla Pyhän Hengen ääntä, ja tämän tähden he tulevat helposti Saatanan houkuttelemiksi ja lankeavat kuolemaan. Valppaana pysyminen tarkoittaa sinun sydämesi ympärileikkaamista, Jumalan sanan mukaan elämistä ja käyttäytymistä sekä pyhittyneeksi tulemista.

Ilmestyskirja 22:14 sanoo: *"Autuaat ne, jotka pesevät vaatteensa, että heillä olisi valta syödä elämän puusta ja he pääsisivät porteista sisälle kaupunkiin!"* Tässä maailmassa "vaatteet" viittaavat viralliseen asuun. Hengellisesti "vaatteet" viittaavat sinun sydämeesi ja käyttäytymiseesi. "Vaatteiden peseminen" symboloi pahan poisheittämistä ja Jumalan sanan seuraamista jotta henkilö tulisi hengelliseksi ja jotta hän olisi yhä enemmän Jeesuksen Kristuksen kaltainen. Tällä tavoin pyhittyneet ihmiset ansaitsevat oikeuden käydä taivaan porteista, ja he nauttivat ikuisesta elämästä.

Uskossa vaatteensa pesevät ihmiset

Kuinka me voimme pestä vaatteemme perusteellisesti? Sinun täytyy ensiksi ympärileikata sydämesi totuuden sanalla ja palavalla rukouksella. Toisin sanoen, sinun täytyy heittää sydämestäsi pois kaikki epätotuus ja pahuus, ja täyttää se pelkällä totuudella. Samalla tavalla kuin sinä peset lian pois vaatteistasi puhtaassa vedessä sinun tulisi pestä pois likaiset synnit, laittomuuden ja pahuuden sydämestäsi Jumalan sanalla, elämän vedellä, ja sinun tulee pukea yllesi totuuden vaatteet ja olla Jeesuksen Kristuksen sydämen kaltainen. Jumala tulee siunaamaan kaikkia jotka ovat näyttäneet uskonsa teoillaan ja ympärileikanneet sydämensä.

Ilmestyskirja 3:5 sanoo: *"Joka voittaa, se näin puetaan valkeihin vaatteisiin, enkä minä pyyhi pois hänen nimeänsä elämän kirjasta, ja minä olen tunnustava hänen nimensä Isäni edessä ja hänen enkeliensä edessä."* Ihmiset, jotka voittavat maailman uskossa ja kulkevat totuudessa, tulevat nauttimaan ikuisesta elämästä taivaassa, sillä he omaavat totuuden sydämen eikä heistä löydy yhtään pahuutta.

Pahuudessa asuvilla ihmisillä ei taas ole mitään tekemistä Jumalan kanssa, olivat he sitten olleet kristittyjä kuinka kauan tahansa, sillä heillä on nimi jonka mukaan he elävät mutta he ovat kuolleita (Ilmestyskirja 3:1). Joten sinun tulee aina panna toivosi pelkästään Jumalaan joka ei tuomitse meitä ulkonäkömme mukaan vaan tutkii ainoastaan meidän sydämemme ja tekomme. Sinun tulee myös aina rukoilla ja noudattaa Jumalan sanaa jotta sinä voisit saavuttaa täydellisen pelastuksen.

Luku 8

Suuren Tuomion Jälkeiset Helvetin Rangaistukset

Kristuksen saapuessa tässä maassa alkaa uusi Vuosituhat, ja tätä seuraa Valkean valtaistuimen Suuri tuomio. Tuomio – joka määrää helvetin tai taivaan sekä palkkiot ja rangaistukset – tulee tuomitsemaan jokaisen sen mukaan mitä hän on tässä elämässään tehnyt. Joten jotkut saavat nauttia ikuisesta onnellisuudesta taivaassa, kun taas toisia rangaistaan ikuisesti taivaassa. Syventykäämme seuraavaksi Valkean valtaistuimen Tuomioon, jonka kautta päätetään päätyykö henkilö taivaaseen vai helvettiin, sekä siihen, minkälainen paikka helvetti oikein on.

Pelastumatta jääneet sielut putoavat Tuomion jälkeen helvettiin

Vuonna 1982 minä olin saarnaurani alussa ja kerran minulle paljastettiin yksityiskohtia Valkean valtaistuimen Suuresta tuomiosta. Jumala näytti minulle näyn jossa Hän istui Valtaistuimellaan ja Herra Jeesus Kristus sekä Mooses seisoivat Valtaistuimen edessä lautamiehien kanssa. Jumala tuomitsee tarkkuudella ja oikeudenmukaisuudella jota ei voida edes verrata tämän maailman tuomareiden tarkkuuteen tai oikeudenmukaisuuteen. Silti Hän tuomitsee Jeesus Kristus rakkauden puolustajana, Mooses lain syyttäjänä sekä ihmiset lautamiehinä.

Helvetin rangaistukset päätetään Tuomiolla

Ilmestyskirja 20:11-15 kertoo että Jumala tuomitsee tarkasti ja oikeudenmukaisesti. Tuomio perustuu Elämän kirjaan, johon on kirjattu kaikkien pelastettujen nimet, sekä kirjoihin, joihin ihmisten kaikki teot on kirjattu.

Ja minä näin suuren, valkean valtaistuimen ja sillä istuvaisen, jonka kasvoja maa ja taivas pakenivat, eikä niille sijaa löytynyt. Ja minä näin kuolleet, suuret ja pienet, seisomassa valtaistuimen edessä, ja kirjat avattiin; ja avattiin toinen kirja, joka on elämän kirja; ja kuolleet tuomittiin sen perusteella, mitä kirjoihin oli kirjoitettu, tekojensa mukaan. Ja meri antoi ne kuolleet, jotka siinä olivat, ja Kuolema ja Tuonela antoivat ne kuolleet, jotka niissä olivat, ja heidät tuomittiin, kukin tekojensa mukaan. Ja Kuolema ja Tuonela heitettiin tuliseen järveen. Tämä on toinen kuolema, tulinen järvi. Ja joka ei ollut elämän kirjaan kirjoitettu, se heitettiin tuliseen järveen.

Tässä "kuolleilla" viitataan kaikkiin niihin, jotka eivät ole hyväksyneet Jeesusta Kristusta heidän pelastajakseen tai joiden usko on kuollutta. Jumalan valitseman hetken koittaessa "kuolleet" nousevat ja seisovat Jumalan Valtaistuimen edessä tuomittavina. Elämän kirja avataan Jumalan Valtaistuimen edessä.

Kaikkien pelastettujen nimet sisältävän Elämän kirjan lisäksi on myös muita kirjoja joihin kuolleiden kaikki teot on kirjattu. Enkelit kirjaavat ylös kaiken mitä me teemme, sanomme ja ajattelemme, kuten esim. kun me kiroamme muita, lyömme toisia, raivostumme, teemme hyvää ja niin edelleen. Jumala on säilönyt ihmisen jokaisen hetken maan päällä samalla tavalla kuin me säilömme pitkäksi aikaa tiettyjä tapahtumia ja puheita videokameroiden tai muiden tallentimien avulla.

Jumala tulee tuomitsemaan Tuomiopäivänä oikeudenmukaisesti sen mukaan mitä näihin kirjoihin on kirjattu. Pelastumatta jääneet tuomitaan heidän pahojen tekojensa mukaisesti, ja he tulevat saamaan osakseen erilaisia ikuisia rangaistuksia helvetissä heidän syntiensä vakavuuteen perustuen.

Tulinen järvi tai palavan tulikiven järvi

Kohta joka sanoo "meri antoi ne kuolleet, jotka siinä olivat" ei tarkoita että meri luovuttaisi kaikki siihen hukkuneet. "Merellä" viitataan tässä hengellisesti maailmaan. Tämä kohta tarkoittaa sitä, että kaikki ne ihmiset jotka ovat eläneet maailmassa ja palanneet kuoltuaan tomuksi tulevat nousemaan kuolleista tullakseen tuomituiksi Jumalan edessä.

Mitä sitten tarkoittaa kohta joka sanoo: "Kuolema ja Tuonela antoivat ne kuolleet, jotka niissä olivat?" Tämä tarkoittaa sitä, että myös Alemmassa haudassa kärsineet tulevat nousemaan kuolleista ja seisomaan Jumalan edessä tuomittavina. Jumalan tuomion jälkeen useimmat Alemmassa haudassa kärsineet tulevat heitetyksi tuliseen järveen tai palavan tulikiven järveen heidän syntiensä vakavuuden mukaan, sillä kuten olen jo maininnut, Alemman haudan rangaistuksia kärsitään siihen saakka kunnes Valkean valtaistuimen Tuomion hetki koittaa.

Mutta pelkurien ja epäuskoisten ja saastaisten ja murhaajien ja huorintekijäin ja velhojen ja epäjumalanpalvelijain ja kaikkien valhettelijain osa on oleva siinä järvessä, joka tulta ja tulikiveä palaa; tämä on toinen kuolema. (Ilmestyskirja 21:8).

Tulisen järven rangaistuksia ei voida verrata Alemman haudan rangaistuksiin. Markus 9:47-49 sanoo: *"Ja jos sinun silmäsi viettelee sinua, heitä se pois. Parempi on sinulle, että silmäpuolena menet sisälle Jumalan valtakuntaan, kuin että sinut, molemmat silmät tallella, heitetään helvettiin, jossa heidän matonsa ei kuole eikä tuli sammu. Sillä jokainen ihminen on tulella suolattava, ja jokainen uhri on suolalla suolattava."* Palavan tulikiven järvi on myös seitsemän kertaa tulista järveä kuumempi.

Hyönteiset ja pedot tulevat repimään ihmisiä Tuomioon saakka, ja helvetin sanansaattajat kiduttavat heitä ja he joutuvat kärsimään erilaisista Alemman haudan rangaistuksista, joka on odotuspaikka matkalla helvettiin. Tuomion jälkeen ainoastaan tulisen järven tai palavan tulikiven järven tuska jää jäljelle.

Tulisen järven tai palavan tulikiven järven tuska

Toimittaessani sanomaa näistä Alemman haudan kolkoista näyistä useat kirkkoni jäsenet olivat kykenemättömiä pidättämään kyyneliään ja osa heistä vapisi suruissaan niiden puolesta jotka joutuvat tähän kurjaan paikkaan. Tulisen järven tai palavan tulikiven järven rangaistukset ovat kuitenkin paljon vakavampia Alemman haudan rangaistuksiin verrattuna. Voitko sinä edes yrittää kuvitella tämän piinan mittakaavaa? Me voimme kyllä yrittää, mutta meillä on rajamme, sillä meidän lihallisten ihmisten kykymme ymmärtää hengellisiä käsitteitä on rajoittunut.

Kuinka me voimme sitten täysin ymmärtää taivaan kauneutta ja kirkkautta? Sana "ikuisuus" on jotain mitä me emme ole kokeneet, ja niin me voimme vain arvailla sen täyttä merkitystä. Me voimme yrittää kuvitella taivaan elämää joka perustuu "riemuun", "onnellisuuteen", "kauneuteen" ja muihin vastaaviin, mutta meidän mielikuvamme ei vastaisi sitä todellista elämää jota me tulemme joku päivä taivaassa elämään. Sinun leukasi loksahtaa ja sinä olet kykenemätön puhumaan kun sinä astut taivaaseen ja näet kaiken omin silminesi ja koet taivaan elämää. Samalla tavalla me emme voi todella käsittää sitä kärsimyksen määrää ja suuruutta joka on tämän maailman rajoitteiden ulkopuolella, ellemme me itse koe helvetin piinaa.

Tuliseen tai palavan tulikiven järveen lankeavat

Pidä mielessäsi, että parhaista yrityksistäni huolimatta helvetti on paikka jonka kuvailemiseksi tämän maailman sanat eivät tee oikeutta. Vaikka minä yritänkin selittää asioita parhaani mukaan, luomani kuvaukset esittävät vain miljoonasosaa helvetin raa'asta todellisuudesta. Lisäksi sielujen kärsimystä lisää se, että he tietävät että heidän kärsimyksensä eivät ole rajoittuneita, vaan että ne tulevat kestämään ikuisesti.

Valkean valtaistuimen suuren Tuomion jälkeen Alemman haudan ensimmäisen tai toisen tason rangaistuksen saaneet sielut heitetään tuliseen järveen. Kolmannen tai neljännen tason rangaistuksen osakseen saaneet sielut heitetään palavan tulikiven järveen. Tällä hetkellä Alemmassa haudassa olevat sielut tietävät että Tuomio on yhä tulossa, ja he tietävät mihin he tulevat Tuomion jälkeen joutumaan. Hyönteiset ja helvetin sanansaattajat repivät näitä sieluja palasiksi, mutta siitä huolimatta he näkevät kaukaisuudessa tulisen järven sekä palavan tulikiven järven, ja he tietävät että heitä tullaan rankaisemaan näissä järvissä.

Joten Alemmassa haudassa olevat sielut eivät kärsi ainoastaan sen hetkisistä kivuista, vaan myös Tuomion jälkeisten rangaistusten aiheuttamasta henkisestä piinasta.

Alemmassa haudassa olevan sielun valitus

Rukoillessani että saisin ilmestyksiä helvetistä Jumala salli minun kuulla Pyhän Hengen kautta kuinka sielu valitti

Alemmassa haudassa. Kun minä kirjoitan jokaisen valituksen sanan ylös, yritä tuntea edes osa siitä pelosta ja epätoivosta joka on ottanut tämän sielun valtaansa.

Kuinka tämä voi olla ihmisen keho?
Minä en näyttänyt tältä maallisen elämäni aikana.
Olemukseni täällä on kauhea ja vastenmielinen.

Tässä loppumattomassa kivussa ja epätoivossa,
kuinka minä voisin vapautua?
Mitä minä voin tehdä paetakseni täältä?
Voinko minä kuolla? Mitä minä voin tehdä?
Voinko minä levähtää edes hetken aikaa
Tämän ikuisen rangaistuksen aikana?
Onko mitään keinoa katkaista tämä kirottu elämä
ja paeta tätä sietämätöntä kipua?

Minä satutan kehoani tappaakseni itseni,
mutta minä en voi kuolla.
Loppua ei ole... loppua ei ole olemassa...
Sieluni piinalle ei ole loppua.
Jatkuvalle elämälleni ei ole loppua.
Kuinka minä voisin kuvata tätä sanoin?
Pian minut heitetään
Tulisen järven laajaan ja pohjattomaan syvyyteen
Kuinka minä voin sietää sen?

Piina täällä on sietämätöntä!

Raivoava tulijärvi
On niin pelottava, syvä ja kuuma!
Kuinka minä voin sietää sen?
Kuinka minä voin paeta sieltä?
Kuinka minä voin paeta tätä piinaa?

Vosinpa minä elää...
Olisipa keino jolla minä voisin elää...
Voisinpa minä pelastua...
Minä voisin ainakin etsiä keinoa paeta
Mutta minä en voi näe sellaista.

Täällä on vain pimeyttä, epätoivoa ja kipua,
Ja minua kohtaa vain turhautuminen ja vaikeudet.
Kuinka minä voin sietää tätä piinaa?
Voi kun Hän avaisi minulle oven elämään....
Voisinpa minä löytää keinon paeta tätä...

Ole kiltti ja pelasta minut. Pelasta minut.
Tämä on liian pelottavaa ja vaikeata minulle.
Ole kiltti ja pelasta minut. Pelasta minut.
Minun päiväni ovat olleet kivuliaita ja piinaavia.
Kuinka minä voin mennä tähän tuliseen järveen?
Ole kiltti ja pelasta minut!
Ole kiltti ja katso minuun!
Ole kiltti ja pelasta minut!
Ole kiltti ja ole minulle armollinen!
Ole kiltti ja pelasta minut!

Pelasta minut!

Sen jälkeen kun sinut on heitetty Alempaan hautaan

Maallisen elämän jälkeen kukaan ei saa enää "toista tilaisuutta." Sinua odottaa ainostaan jokaisen tekosi seurauksen kantaminen.

Kun ihmiset kuulevat taivaan ja helvetin olemassaolosta, jotkut sanovat "Saan selville totuuden sitten kuoltuani." Kuoltuasi on kuitenkin liian myöhäistä. Kuoleman jälkeen ei ole enää paluuta, joten sinun tulee olla tästä tietoinen *ennen* kuin sinä kuolet.

Vaikka sinä miten katuisit, olisit pahoillasi ja rukoilisit Jumalaa, sinä et voi välttää väistämättömiä ja kauheita rangaistuksia sen jälkeen kun sinut on heitetty Alempaan hautaan. Sinulla ei ole toivoa tulevaisuudesta, ainoastaan loputon piina ja epätoivo odottavat sinua.

Yllä olevan esimerkin tavoin valittava sielu tietää, että pelastukseen ei ole mitään tietä tai mahdollisuutta. Silti sielu huutaa Jumalaa "varmuuden vuoksi." Sielu anoo armoa ja pelastusta. Sielun itku muuttuu kirkunaksi, ja tämä huuto kaikuu ympäri helvetin tasankoja ja katoaa sitten kaukaisuuteen. Vastausta ei tietenkään tule.

Alemman haudan ihmisten katuminen ei ole kuitenkaan vilpitöntä tai aitoa vaikka he vakuuttavatkin katuvansa niin sääliä herättävästi. Heidän sydämensä pahuus on kuitenkin yhä ennallaan ja he tietävät valituksensa olevan turhaa, ja niin he huokuvat yhä enemmän pahuutta ja kiroavat Jumalaa. Tämä kertoo meille miksi nämä ihmiset eivät saaneet alunperin astua taivaasen.

Tulinen järvi ja palavan tulikiven järvi

Alemmassa haudassa sielut voivat ainakin anella, torua ja
ja valittaa, kysyen itseltään "Miksi minä olen täällä?" He myös
pelkäävät tulista järveä ja miettivät keinoa jolla paeta piinasta,
pohtien: "Kuinka minä voin paeta tätä helvetin sanansaattajaa?"
Sen jälkeen kun heidät on kuitenkin heitetty tuliseen
järveen, nämä sielut eivät voi ajatella mitään muuta kivuliaan
ja loppumattoman tuskan tähden. Alemman haudan
rangaistukset olivat suhteellisen keveitä verrattuna tulisen järven
rangaistuksiin. Tulisen järven rangaistukset ovat uskomattoman
kivuliaita. Se on niin kivulias paikka, että me emme voi käsittää
tai kuvitella sitä rajoittuneella ymmärryksellämme.

Ripottele suolaa kuumalle paistinpannulle jos haluat kuvitella
pienen osan tätä piinaa. Sinä näet kuinka suolakiteet käristyvät,
ja tämä näky on tulisen järven tapainen: sielut ovat räiskyvien
suolakiteiden kaltaisia.

Kuvittele nyt, että sinä olisit altaassa joka on täynnä kiehuvaa,
100-asteista vettä. Tulinen järvi on paljon kuumempi kuin
kiehuva vesi, ja palavan tulikiven järvi on seitsemän kertaa
kuumempi kuin tulinen järvi. Tultuasi heitetyksi tähän järveen
sinä et voi paeta, ja sinä tulet kärsimään aina ja ikuisesti.
Alemman haudan Tuomiota edeltäneet ensimmäisen, toisen ja
kolmannen tason rangaistukset ovat paljon helpompia sietää.

Miksi Jumala sitten sallii heidän kärsiä Alemassa haudassa tuhannen vuoden ajan ennen kuin Hän heittää heidät tuliseen järveen tai palavan tulikiven järveen? Jumala tahtoo heidän ymmärtävän miksi heidän kohtalokseen tuli joutua niin kurjaan paikkaan ja Hän tahtoo heidän katuvan menneitä syntejään. On kuitenkin erittäin vaikea löytää ihmisiä jotka katuisivat, ja sen sijaan he näyttävän uhkuvan pahuutta entistäkin enemmän. Nyt me tiedämme miksi Jumala loi helvetin.

Tulella suolaaminen tulisessa järvessä

Vuonna 1982 Jumalla näytti minulle näyn Valkean valtaistuimen suuresta Tuomiosta minun ollessani rukouksessa. Minä näin pikaisesti myös tulisen järven sekä palavan tulikiven järven. Nämä järvet olivat erittäin laajoja.

Kaukaa katsottuna nämä kaksi järveä ja niissä olevat sielut muistuttivat kuumissa altaissa kylpeviä ihmisiä. Jotkut ihmisistä olivat rintaansa asti uppoutuneita järveen, kun taas toiset olivat upponneet kaulaansa myöten niin, että ainoastaan heidän päänsä olivat pinnan yläpuolella.

Jeesus mainitsi Markuksen jakeissa 9:48-49, että helvetti oli paikka, *"jossa heidän matonsa ei kuole eikä tuli sammu Sillä jokainen ihminen on tulella suolattava, ja jokainen uhri on suolalla suolattava."* Voitko sinä kuvitella minkälaista tuskaa tällainen ympäristö aiheuttaa? Yrityksissään paeta nämä sielut eivät pysty tekemään muuta kuin hyppimään räiskyvän suolan tavoin sekä kiristelemään hampaitaan.

Joskus ihmiset tässä maailmassa hyppivät ylösalas leikkiessään

195

tai tanssiessaan yökerhoissa yöhön saakka. Jonkin ajan kuluttua he kuitenkin väsyvät ja lepäävät hetkisen verran näin halutessaan. Helvetissä sielut eivät kuitenkaan hypi nautinnosta vaan äärimmäisen kivun tähden. Helvetissä ei ole tietenkään mitään lepoa vaikka sielut sitä kaipaisivatkin. Sielut kirkuvat kivuissaan niin kovaäänisesti että heitä huimaa, ja heidän ylöspäin kääntyneet silmänsä ovat muuttuneet sinisiksi ja hirvittävän verestäviksi. Lisäksi heidän aivonsa purskahtavat ja nesteet valuvat heidän päidensä sisältä.

Nämä sielut eivät voi paeta, yrittivät he sitä sitten kuinka kovasti tahansa. He yrittävät työntää toisiaan pois tieltä ja talloa toisiaan hyödyttä. Tulisen järven toinen pääty on niin kaukana sen toisesta päästä ettei se edes näy. Siitä huolimatta sen jokaisella sentillä vallitsee sama lämpötila, eikä tämä lämpötila laske edes ajan kuluessa. Valkean valtaistuimen suureen Tuomioon saakka Alempi hauta on ollut Lusiferin vallassa, ja kaikki rangaistukset on annettu Lusiferin vallan ja voiman mukaisesti.

Tuomion jälkeen rangaistukset antaa kuitenkin Jumala, ja ne pannaan täytäntöön Hänen voimansa ja suunnitelmiensa mukaisesti. Joten koko tulisen järven lämpötila voi aina pysya samalla tasolla.

Tämä järvi saa sielut kärsimään heitä kuitenkaan tappamatta. Sielujen ruumiinosat palautuvat ennalleen Alemmassa haudassa vaikka ne sitten leikattaittaisiin pois tai revittäisiin palasiksi, ja samalla tavalla helvetissä sielujen ruumiit palautuvat pian ennalleen sen jälkeen kun ne ovat käristyneet.

Koko keho ja siinä olevat elimet käristyvät

Kuinka tulisessa järvessä olevia sieluja rangaistaan? Oletko koskaan katsellut nähnyt kuinka sarjakuvissa, animaatioissa tai television piirretyissä henkilöhahmo saa sähköiskun "korkeajännite"-sähköstä? Sähköiskun hetkellä henkilön keho muuttuu luurangoksi jota ympäröi tumma ääriviiva. Henkilö näyttää normaalilta hänen irtauduttuaan sähkövirrasta. Kuvittele myös kuinka röntgen-kuvat näyttävät ihmiskehon sisäelimet.

Samantapaisesti tulisessa järvessä olevat sielut näkyvät ensin yhtenä hetkenä heidän normaalissa fyysisessä muodossaan. Seuraavalla hetkellä heidän kehonsa ovat poissa ja vain heidän henkensä ovat näkyvillä. Tämä kaava toistaa itseään. Sielujen kehot palavat hetkessä ja katoavat polttavassa tulessa, mutta pian ne palautuvat ennalleen.

Tässä maailmassa sinä et kenties pysty tukahduttamaan palavaa tunnetta ja sinä saatat tulla hulluksi jos sinä saat kolmannen asteen palovamman. Vain henkilö joka on itse kokenut saman voi ymmärtää tästä aiheutuvaa kipua. Sinä voit olla kykenemätön sietämään tätä kipua vaikka sinä olisitkin polttanut pelkästään kätesi.

Yleensä tämä palava tunne ei katoa kovin nopeasti palamisen jälkeen, vaan se kestää parin päivän ajan. Kuumuus tunkeutuu kehoon ja satuttaa soluja, ja joskus jopa sydäntä. Kuinka paljon kivuliaampaa olisikaan sitten jos koko sinun kehosi ja sisäelimesikin kärvennettäisiin, vain jotta ne voisivat palautua pian ennalleen tullakseen toistuvasti poltetuiksi?

Tulisessa järvessä olevat sielut eivät kestä kipua mutta he eivät voi pyörtyä, kuolla tai levätä edes hetkeksi aikaa.

Palavan tulikiven järvi

Tulinen järvi on sellaisten ihmisten rangaistuspaikka jotka ovat tehneet verrattain kevyitä syntejä ja kärsineet Alemmassa haudassa ensimmäisen tai toisen tason rangaistuksista. Vakavampia syntejä tehneet ja Alemman haudan kolmannen tai neljännen tason rangaistuksista kärsineet ihmiset joutuvat palavan tulikiven järveen, joka on seitsemän kertaa tulista järveä kuumempi. Kuten jo mainittu, palavan tulikiven järvi on varattu seuraaville ihmisille: Pyhää Henkeä vastaan puhuneille ihmisille, sitä vastustaneille ja pilkanneille ihmisille; ihmisille jotka ristiinnaulitsevat Jeesuksen Kristuksen yhä uudelleen ja uudelleen; niille, jotka pettivät Hänet; niille, jotka jatkoivat tahallaan syntien tekemistä; väärien jumalien palvojille; niille, jotka tekivät syntiä sen jälkeen kun heidän omatuntonsa oli karkaistuneet; kaikille niille, jotka vastustivat Jumalaa pahoin teoin; sekä väärille profeetoille ja opettajille jotka opettivat valheita.

Koko tulinen järvi on täynnä "punaista" tulta. Palavan tulikiven järvessä on enemmän "keltaista" tulta kuin "punaista", ja se on aina kiehumatilassa. Siellä täällä kurpitsan kokoiset kuplat nousevat sen pintaan. Tässä järvessä sielut ovat uppoutuneet täysin sulaan palavaan tulikiveen

Tuskan musertamana

Miten sinä voisit selittää sitä kipua jota ihmiset tuntevat ollessaan palavan tulikiven järvessä, joka on seitsemän kertaa kuumempi kuin tulinen järvi jossa olevien sielujen kipu on jo käsittämätöntä?

Anna minun selittää vertauskuvalla tämän maailman asioista. Kuinka kivuliasta olisikaan jos henkilö joisi nestettä, joka olisi miilussa kuumennettua sulaa metallia? Tällaisen henkilön sisäelimet palaisivat, kun kuumuus, joka on tarpeeksi sulattamaan metallin, valuisi hänen vatsaansa kurkun kautta.

Tulisessa järvessä sielut voivat sentään hyppiä ja huutaa tuskaansa. Palavan tulikiven järvessä sielut eivät voi kuitenkaan vaikertaa tai ajatella, sillä he ovat täysin kivun musertamia. Palavan tulikiven järvessä kärsittävää kipua ja piinaa ei voida kuvata millään sanoilla tai eleillä. Lisäksi nämä sielut joutuvat kärsimään ikuisesti. Kuinka tämänkaltaista kärsimystä voitaisiin edes kuvata sanoin?

Jotkut jäävät Alempaan hautaan jopa Tuomion jälkeenkin

Vanhan testamentin aikoina pelastuneet ihmiset odottivat Ylemmässä haudassa Jeesuksen Kristuksen ylösnousemukseen saakka. Hänen ylösnousemuksensa jälkeen nämä ihmiset astuivat Paratiisiin, missä he tulevat odottamaan Paratiisin Odotuspaikassa Jeesuksen toista tulemista ilmojen halki.

Uuden testamentin aikoina pelastuneet ihmiset taas pysähtyvät Ylemmässä haudassa kolmen päivän ajaksi oppiakseen asioita taivaasta, minkä jälkeen hekin astuvat Paratiisin Odotuspaikkaan jossa he odottavat Jeesuksen Kristuksen toista tulemista ilmojen halki.

Äitiensä kohduissa kuolleet syntymättömät lapset eivät kuitenkaan astu Paratiisiin ennen Jeesuksen Kristuksen ylösnousemusta tai edes Tuomion jälkeen. He tulevat asumaan Ylemmässä haudassa ikuisesti.

Myös tällä hetkellä Alemmassa haudassa olevien sielujen suhteen on poikkeuksia. Näitä sieluja ei heitetä tuliseen järveen tai palavan tulikiven järveen Tuomion jälkeenkään. Keitä nämä poikkeukset sitten ovat?

Lapset jotka kuolevat ennen murrosikää

Pelastumatta jääneiden joukossa on sikiöitä, jotka on abortoitu vähintään kuusi kuukautta hedelmöityksen jälkeen, sekä lapsia, jotka ovat kuolleet ennen murrosikää, eli ennen kuin he ovat täyttäneet suunnilleen kaksitoista vuotta. Näitä sieluja ei heitetä tuliseen järveen tai palavan tulikiven järveen. Tämä johtuu siitä, että vaikka he joutuivatkin Alempaan hautaan oman pahuutensa tähden, he eivät olleet kuolemansa hetkellä tarpeeksi kypsiä omatakseen riippumattoman vapaan tahdon. Tämä tarkoittaa sitä, että he eivät olisi välttämättä itse valinneet uskon elämäänsä, sillä he ovat helposti langenneet ulkoisten tekijöiden vaikutusvallan alle, kuten esimerkiksi heidän vanhempiensa, esi-isiensä tai ympäristön vaikutukselle.

Rakkauden ja oikeudenmukaisuuden Jumala punnitsee näitä tekijöitä, eikä Hän heitä näitä sieluja tuliseen järveen tai palavan tulikiven järveen edes Tuomion jälkeenkään. Tämä ei kuitenkaan tarkoita, että heiden rangaistuksensa katoaisivat tai lievenisivät. Heitä rangaistaan ikuisesti tavalla, jolla heitä rangaistaan Alemmassa haudassa.

Koska synnin palkka on kuolema

Tätä tapausta lukuunottamatta kaikki Alemmassa haudassa olevat ihmiset tullaan heittämään tuliseen järveen tai palavan tulikiven järveen sen mukaan, mitä syntejä he ovat tehneet ollessaan tämän maan päällä kasvatettavina. Roomalaiskirje 6:23 sanoo: *"Sillä synnin palkka on kuolema, mutta Jumalan armolahja on iankaikkinen elämä Kristuksessa Jeesuksessa, meidän Herrassamme."* Tässä "kuolemalla" ei viitata tämän maan päällisen elämän loppumiseen, vaan ikuiseen rangaistukseen tulisessa järvessä tai palavan tulikiven järvessä. Synnin palkka on kauhistuttavan ja kivulias, ikuisen rangaistuksen piina, ja siten sinä tiedät että synti on kauhistuttava, saastainen ja hirveä asia.

Jos ihmiset olisivat edes jonkin verran tietoisia helvetin ikuisesta kurjuudesta, kuinka he voisivat olla pelkäämättä helvettiin joutumista? Kuinka he voisivat olla ottamatta vastaan Jeesusta Kristusta elämäänsä ja olla elämättä Jumalan sanan mukaan?

Jeesus sanoi Markuksen evankeliumissa 9:45-47:

Ja jos sinun jalkasi viettelee sinua, hakkaa se poikki. Parempi on sinulle, että jalkapuolena menet elämään sisälle, kuin että sinut, molemmat jalat tallella, heitetään helvettiin. Ja jos sinun silmäsi viettelee sinua, heitä se pois. Parempi on sinulle, että silmäpuolena menet sisälle Jumalan valtakuntaan, kuin että sinut, molemmat silmät tallella, heitetään helvettiin.

On parempi että sinä hakkaat jalkasi poikki jos sinä teet syntiä menemällä paikkoihin joihin sinun ei tulisi mennä kuin joutua helvettiin. On parempi että sinä hakkaat pois kätesi jos sinä teet syntiä tekemällä asioita joita sinun ei tulisi tehdä kuin joutua helvettiin. On myös parempi että sinä heität pois silmäsi jos sinä teet syntiä katselemalla asioita joita sinun tulisi nähdä.

Meille ilmaiseksi annettavan Jumalan armon tähden meidän ei kuitenkaan tarvitse hakata poikki käsiämme tai jalkojamme tai repiä silmiämme irti voidaksemme astua taivaaseen. Tämä johtuu siitä, että synnitön ja viaton Karitsa, Herra Jeesus Kristus, ristiinnaulittiin meidän puolestamme, ja Hänen kätensä ja jalkansa naulattiin ja Hänen päähänsä asetettiin piikkikruunu.

Jumalan Poika tuli tuhoamaan paholaisen työt

Joten kuka tahansa, joka uskoo Jeesuksen Kristuksen vereen, saa anteeksi, ja hänet vapautetaan tulisen järven tai palavan tulikiven järven rangaistuksista ja hänelle annetaan palkkioksi ikuinen elämä.

1. Joh. 3:7-9 sanoo: *"Lapsukaiset, älköön kukaan saako teitä*

eksyttää. Se, joka vanhurskauden tekee, on vanhurskas, niinkuin hän on vanhurskas. Joka syntiä tekee, se on perkeleestä, sillä perkele on tehnyt syntiä alusta asti. Sitä varten Jumalan Poika ilmestyi, että hän tekisi tyhjäksi perkeleen teot. Ei yksikään Jumalasta syntynyt tee syntiä, sillä Jumalan siemen pysyy hänessä; eikä hän saata syntiä tehdä, sillä hän on Jumalasta syntynyt."

Synti on enemmän kuin varastamisen, murhaamisen tai huijaamisen kaltainen teko. Pahuus ihmisen sydämessä on vakavampi synti. Jumala vihaa sydämissämme olevaa pahuutta. Hän vihaa itse pahuutta joka tuomitsee muita, pahoja sydämiä jotka vihaavat ja kompuroivat, sekä pahoja sydämia jotka ovat ovelia ja pettäviä. Minkälainen paikka taivas olisi jos tämänkaltaisia sydämiä omaavat ihmiset saisivat astua sinne ja asua siellä? Jopa taivaassa ihmiset riitelisivät oikeasta ja väärästä, ja niin Jumala ei salli pahojen ihmisten astua taivaaseen.

Joten jos sinusta tulee Jumalan lapsi, Jeesuksen Kristuksen veren voimistama, sinun ei tule seurata enää epätotuutta tai olla paholaisen orja, vaan elää totuudessa Jumalan lapsena. Jumalan, joka on itse valo. Vasta sitten sinä voit saada osaksesi koko taivaan kirkkauden, saada omaksesi siunauksia joista nauttia Jumalan lapsena, sekä menestyä jo tässä maailmassa.

Sinun ei tule tehdä syntiä uskoa tunnustaen

Jumala rakastaa meitä niin paljon, että Hän lähetti rakkaan, viattoman ja ainoan Poikansa kuolemaan meidän puolestamme ristillä. Voitko sinä sitten kuvitella kuinka paljon Jumala suree ja

valittaa kun Hän näkee, kuinka ihmiset, jotka väittävät olevansa
"Jumalan lapsia", tekevät paholaisen vallassa syntejä ja kulkevat
nopeasti helvettiä kohti?

Minä pyydän että sinä et tekisi syntiä vaan noudattaisit
Jumalan käskyjä, osoittaen siten että sinä olet Jumalan
kallisarvoinen lapsi. Tehdessäsi näin kaikkiin sinuun rukouksiisi
vastataan nopeammin, ja sinusta tulee uskollinen Jumalan lapsi,
joka tulee lopussa astumaan Uuteen Jerusalemiin ja elämään sen
kirkkaudessa. Sinulle annetaan myös voima ja valta ajaa pimeys
pois niistä, jotka eivät tunne vielä totuutta ja tekevät syntiä tullen
näin paholaisen orjiksi. Sinulle annetaan valta johdattaa heidät
Jumalan luokse.

Toivon, että sinustä tulee Jumalan uskollinen lapsi, että
kaikkiin sinun rukouksiisi ja pyyntöihisi vastattaisiin, ja että sinä
saisit johdattaa lukemattomia ihmisiä pois helvettiin vieviltä
poluilta niin, että sinä saat saavuttaa Jumalan kirkkauden,
loistaen taivaassa auringon tavoin.

Pahat henget kahlitaan Syvyyteen

Sanakirja määrittää "syvyyden" seuraavanlaisesti. Se on "kuilu",
tai "jokin, joka on liian syvä mitattavaksi." Raamatullisesti Syvyys
on helvetin syvin ja alin kohta. Se on varattu niitä pahoja henkiä
varten joilla ei ole mitään roolia ihmisten kasvatuksessa.

Ja minä näin tulevan taivaasta alas enkelin, jolla oli
syvyyden avain ja suuret kahleet kädessään. Ja hän otti

kiinni lohikäärmeen, sen vanhan käärmeen, joka on perkele ja saatana, ja sitoi hänet tuhanneksi vuodeksi ja heitti hänet syvyyteen ja sulki ja lukitsi sen sinetillä hänen jälkeensä, ettei hän enää kansoja villitsisi, siihen asti kuin ne tuhat vuotta ovat loppuun kuluneet; sen jälkeen hänet pitää päästettämän irti vähäksi aikaa. (Ilmestyskirja 20:1-3).

Tämä kohtaus sijoittuu seitsenvuotisen Ahdistuksen viimeisiin vuosiin.

Jeesuksen Kristuksen tempauksen jälkeen pahat henget tulevat hallitsemaan maailmaa seitsemän vuoden ajan, ja tämän ajan aikana kolmas maailmansota ja muut katastrofit leviävät ympäri koko maailman. Suuren Ahdistuksen jälkeen koittaa Uusi vuosituhat, jonka aikana pahat henget on kahlittu Syvyyteen. Vuosituhannen lopussa pahat henget vapautetaan hetkeksi aikaa, ja kun Valkean valtaistuimen suuri Tuomio on saatu päätökseen, ne kahlitaan jälleen Syvyyteen, tällä kertaa pysyvästi. Lusifer ja sen palvelijat hallitsevat pimeyttä, mutta Tuomion jälkeen taivasta ja helvettiä hallitsee vain Jumalan voima.

Pahat henget ovat ainoastaan ihmisten kasvatuksen välineitä

Minkälaisia rangaistuksia pahat henget sitten saavat osakseen Syvyydessä niiden menetettyä kaiken valtansa ja voimansa?

Ennen kuin me keskitymme tähän syvemmin, muista, että pahat henget ovat olemassa ainoastaan sen tähden että ne toimivat ihmisten kasvatuksen välineinä. Miksi Jumala sitten

205

kasvattaa ihmisiä maan päällä, vaikka taivaassa olisi suuri joukko enkeleitä ja taivaallisia isäntiä? Tämä johtuu siitä että Jumala tahtoo omata uskollisia ja todellisia lapsia joiden kanssa Hän voi jakaa rakkautensa.

Minä kerron esimerkin. Koko Korean historian kautta sen säädystöllä on yleensä ollut useita palvelijoita talossaan. Palvelijat tottelivat kaikkia isännän käskyjä. Isännällä on myös poikia ja tyttäriä jotka eivät tottele häntä vaan tekevät mitä haluavat. Tarkoittaako tämä sitä, että isäntä rakastaisi uskollisia palvelijoitaan enemmän kuin mitä hän rakastaa omia lapsiaan? Hän ei voi olla rakastamatta lapsiaan vaikka he eivät olekaan olleet kaikista tottelevaisimpia.

Samoin on myös Jumalan kanssa. Hän rakastaa Hänen kuvakseen tehtyjä ihmisiä, oli Hänellä sitten kuinka useita tottelevaisia enkeleitä ja taivaallisia isäntiä tahansa. Taivaalliset isännät ja enkelit ovat enemmänkin kuin robotteja jotka tekevät mitä heille sanotaan. Joten he eivät pysty jakamaan todellista rakkautta Jumalan kanssa.

Tämä ei tietenkään tarkoita sitä että enkelit ja robotit olisivat täysin samankaltaisia. Robotit noudattavat vain käskyjään, ja niillä ei ole vapaata tahtoa tai tunteita. Enkelit taas tuntevat sekä iloa että surua, aivan kuten ihmisetkin.

Sinun ollessasi iloinen tai surullinen enkelit eivät jaa tätä samaa tunnetta kanssasi, vaan ne ovat pelkästään tietoisia siitä mitä sinä tunnet. Joten kun sinä ylistät Jumalaa, enkelit ylistävät Häntä sinun kanssasi. Kun sinä tanssit kirkastaaksesi Häntä, myös enkelit tanssivat ja jopa soittavat yhdessä soittimia. Tämän tähden enkelit eroavat roboteista. Silti enkelit ja robotit ovat "samankaltaisia", sillä molemmilta puuttuu vapaa tahto ja ne tottelevat käskyjään, ja molempia käytetään ainoastaan tiettyjä tarkoituksia ja suunnitelmia varten.

Enkelien tavoin pahat henget ovat vain välineitä joita käytetään ihmisten kasvattamiseksi. Pahat henget ovat kuin koneita jotka eivät erota hyvää pahasta ja jotka on valmistettu tiettyä tarkoitusta varten. Tarkoitus, joka tässä tapauksessa sattuu olemaan paha tarkoitus.

Pahat henget kahlitaan Syvyyteen

Hengellisen maailman lain mukaan "synnin palkka on kuolema", ja "ihminen korjaa mitä hän on kylvännyt." Suuren Tuomion jälkeen Alemmassa haudassa olevat sielut tulevat tämän lain mukaisesti kärsimään tulisessa järvessä tai palavan tulikiven järvessä. Tämä johtuu siitä että he valitsivat vapaalla tahdollaan pahuuden ollessaan tämän maan päällä kasvatettavina.

Demoneita lukuunottamatta pahoilla hengillä ei ole merkittävää roolia ihmisten kasvatuksessa. Joten pahat henget pysyvät kahlittuina Syvyyteen Tuomion jälkeenkin, hylättyinä kuin läjä roskaa. Tämä on niille kaikista sopivin rangaistus.

Jumalan valtaistuin sijaitsee keskellä taivasta sen lakipisteessä. Pahat henget ovat taas kahlittuina Syvyyteen, helvetin syvimpään ja pimeimpään paikkaan. Ne eivät voi liikkua luontevasti tässä pimeässä ja kylmässä Syvyydessä. Pahat henget ovat pakotettuja makaamaan samassa asennossa ikuisesti, ikään kuin suurten kivien painamina.

Nämä pahat henget kuuluivat kerran taivaaseen ja ne

alizeHELVETTI

omasivat kunniallisia velvollisuuksia. Lankeamisensa jälkeen nämä langenneet enkelit käyttivät valtaa omalla tavallaan pimeyden maailmassa. Ne kuitenkin hävisivät sotansa Jumalaa vastaan ja kaikki oli ohitse. Ne menettivät kaiken kunnian sekä arvon taivaallisina olentoina. Kirouksen ja häväistyksen merkkinä näiden langenneiden enkelien siivet on revitty irti.

Henki on ikuinen ja kuolematon asia. Syvyydessä oleva paha henki ei voi kuitenkaan liikuttaa sormeaankaan, eikä sillä ole mitään tuntoa, tahtoa tai voimaa. Ne ovat kuin pois päältä käännettyjä koneita tai pois heitettyjä nukkeja, ja ne näyttävät siltä kuin ne olisivat jäätyneet paikalleen.

Jotkin helvetin sanansaattajat jäävät Alempaan hautaan

Tähän sääntöön on kuitenkin poikkeus. Kuten jo mainitsin, suunnilleen kahtatoista vuotta nuoremmat lapset jäävät Alempaan hautaan jopa Tuomion jälkeenkin. Helvetin sanansaattajien täytyy olla paikalla heidän jotta heidän tuomionsa voi jatkua.

Helvetin sanansaattajia ei ole kahlittu Syvyyteen, vaan ne jäävät Alempaan hautaan. Ne näyttävät roboteilta. Ennen Tuomiota ne saattoivat joskus nauraa ja nauttia siitä kun ne näkivät kuinka sielua kidutettiin. Tämä ei kuitenkaan johtunut siitä että niillä olisi itsellään ollut mitään tunteita. Helvetin sanansaattajat näyttivät tunteitaan sen tähden että ne olivat Lusiferin vallassa, ja Lusiferilla oli ihmismäisiä piirteitä. Tuomion jälkeen Lusifer ei kuitenkaan enää hallitse helvetin sanansaattajia,

208

ja niin ne tekevät työnsä ilman tunteita, työskennellen koneiden tapaisesti.

Mihin demonit päätyvät?

Toisin kuin langenneet enkelit, lohikäärmeet ja näiden seuraajat jotka luotiin ennen maailman luomista, demonit eivät ole hengellisiä olentoja. Ne olivat kerran ihmisiä, tomusta tehtyjä, ja niillä oli henki, sielu ja keho kuten meilläkin. Niiden ihmisten joukkoon, joita kerran kasvatettiin maan päällä mutta jotka kuolivat kokematta pelastusta, kuuluu eräitä, jotka on vapautettu tähän maailmaan tietyin ehdoin. Nämä ovat demoneja.

Kuinka ihmisestä sitten tulee demoni? Yleisesti ottaen on neljä tapaa joiden kautta ihmisestä voi tulla demoni.

Ensimmäisessä tapauksessa ihmiset ovat myyneet henkensä ja sielunsa Saatanalle.

Ihmiset, jotka tekevät noituutta ja etsivät apua ja voimaa pahoilta hengiltä tyydyttääkseen ahneutensa ja halunsa, kuten noidat ja velhot,voivat kuoltuaan tulla demoneiksi.

Toisessa tapauksessa ihmiset ovat tehneet itsemurhan oman pahuutensa tähden.

Jos ihmiset ovat tehneet itsemurhan sen tähden, että he ovat esimerkiksi epäonnistuneet liikemaailmassa, he ovat loukanneet Jumalan yksinoikeutta päättää elämästä ja he saattavat tulla demoneiksi. Tämä ei kuitenkaan ole sama asia kuin jos henkilö uhraa elämänsä maansa puolesta tai auttaakseen puolustuskyvytöntä ihmistä. Jos uimataidoton mies hyppää veteen pelastaakseen jonkun toisen oman elämänsä kustannuksella, hänen tarkoitusperänsä ova hyviä ja jaloja.

Kolmannessa tapauksessa Jumalaan aikaisemmin uskoneet ihmiset ovat päätyneet kieltämään Hänet ja myymään uskonsa. Jotkut uskovat toruvat tai vastustavat Jumalaa kohdatessaan suuria vaikeuksia tai menettäessään jotakin tai jonkun joka on heille erittäin tärkeä. Charles Darwin, evoluutioteorian pioneeri, on tästä erittäin hyvä esimerkki. Darwin oli joskus uskonut Luojaan. Kun hänen rakas tyttärensä kuitenkin kuoli ennenaikaisesti, Darwin kielsi Jumalan ja vastusti Häntä kehittäen evoluutioteorian. Tämänkaltaiset ihmiset tekevät syntiä ristiinnaulitsemalla Jeesuksen Kristuksen, meidän Vapahtajamme, yhä uudelleen (Heprealaiskirje 6:6).

Neljännessä, viimeisessä, tapauksessa ihmiset vastustavat, estävät ja pilkkaavat Pyhää Henkeä siitä huolimatta että he uskovat Jumalaan ja ovat perillä totuudesta (Matteus 12:31-32; Luukas 12:10).

Nykyään monet ihmiset jotka näennäisesti tunnustavat uskovansa Jumalaan silti vastustavat, estävät ja pilkkaavat Pyhää Henkeä. Siitä huolimatta, että nämä ihmiset ovat todistaneet lukuisia Jumalan töitä, he tuomitsevat ja arvostelevat muita, vastustavat Pyhän Hengen töitä sekä yrittävät tuhota kirkkoja joissa esiintyy Hänen tekojaan. Jos nämä ihmiset tekevät näin toimiessaan johtajina, heidän syntinsä ovat tämän johdosta paljon vakavampia.

Näiden syntisten kuollessa heidät heitetään Alempaan hautaan jossa he saavat osakseen kolmannen tai neljännen tason rangaistuksen. Osasta näistä sieluista tulee demoneita jotka päästetään tähän maailmaan. Saadaksesi lisätietoja demoneista, katso sanomasarja nimeltään "Pahojen henkien maailma."

Paholaisen hallitsemat demonit

Lusiferilla on täysi valta hallita pimeyden maailmaa ja Alempaa hautaa aina Tuomioon saakka. Joten Lusiferilla on myös valta valita Alemmasta haudasta sieluja jotka sopivat parhaiten hänen töihinsä ja käyttää heitä tässä maailmassa demoneina.

Toisin kuin elämänsä aikana, sen jälkeen kun nämä sielut on valittu ja vapautettu tähän maailmaan niillä ei ole enää omaa tahtoa tai tunteita. Paholainen hallitsee niitä Lusiferin tahdon mukaan, ja nämä sielut ovat ainoastaan välineitä joita käytetään pahojen henkien maailman tavoitteiden saavuttamiseksi.

Demonit houkuttelevat ihmisiä maan päällä rakastamaan maailmaa. Jotkin nykypäivän raaimmat ja kauhistuttavimmat synnit ja rikokset eivät ole sattumaa, vaan demonien työt ovat tehneet ne mahdollisiksi Lusiferin tahdon mukaisesti. Demonit ottavat haltuun nämä ihmiset hengellisen maailman lakien mukaan ja johdattavat heidät helvettiin. Joskus demonit rampauttavat ihmisiä ja saavat heidät sairastumaan. Tämä ei tietenkään tarkoita sitä, että kaikki ja kaikenlaiset epämuodostumat tai sairaudet olisivat demonien

aikaansaannoksia, mutta osassa tapauksia näin kuitenkin on.
Raamatusta löytyy demonien riivaama poika joka oli ollut
lapsuudestaan saakka mykkä (Markus 9:17-24), sekä nainen,
joka oli ollut hengen rampauttama 18 vuoden ajan ollen
kumaraselkäinen ja kykenemätön suoristamaan selkäänsä
(Luukas 13:10-13).

Lusiferin tahdon mukaisesti demonit ovat saaneet osakseen
kaikista keveimmät pimeyden maailman tehtävät, mutta niitä
ei tulla kahlitsemaan Syvyyteen Tuomion jälkeen. Koska
demonit ovat kerran olleet ihmisiä ja tulleet kasvatetuiksi
ihmisinä, ne tulevat heitetyksi palavan tulikiven järveen Valkean
valtaistuimen suuren Tuomion jälkeen yhdessä niiden muiden
kanssa jotka ovat saaneet osakseen kolmannen tai neljännen
tason rangaistuksen Alemmassa haudassa.

Pahat henget pelkävät Syvyyttä

Jotkut teistä jotka muistavat Raamatussa olevat sanat
voivat olla hieman hämmentyneitä. Luukaksen 8. kirjassa on
kohtaus jossa Jeesus kohtaa demonin riivaaman miehen. Hänen
käskiessään demonia jättämään miehen, tämä demoni sanoi:
*"Mitä sinulla on minun kanssani tekemistä, Jeesus, Jumalan,
Korkeimman, Poika? Minä rukoilen sinua: älä minua vaivaa!"*
(Luukas 8:28), ja se anoi Jeesusta jotta Hän ei lähettäisi sitä
Syvyyteen.

Demonien kohtalona on tulla heitetyksi palavan tulikiven
järveen, ei Syvyyteen. Miksi se sitten pyysi Jeesukselta että sitä ei
heitettäisi Syvyyteen? Kuten jo mainittu, demonit ovat kerran

olleet ihmisiä, ja siten ne ovat vain ihmisten kasvatuksen välineitä Lusiferin tahdon mukaisesti. Joten kun demoni puhui Jeesukselle tämän miehen suun kautta, se puhui miestä vallassa pitävien pahojen henkien puolesta, ei omansa. Lusiferin johtamat pahat henget tietävät, että sitten kun Jumalan suunnittelema ihmisten kasvatus on päättynyt, ne tulevat menettämään kaiken valtansa ja voimansa ja ne tulevat olemaan ikuisesti kahlittuja Syvyyteen. Niiden pelko tulevasta tuli selvästi todistetuksi demonin anonnan kautta.

Tätä demonia käytettiin myös välineenä, jotta tämä pahojen henkien pelko ja niiden lopullinen kohtalo tulisi kirjatuksi Raamattuun.

Miksi demonit inhoavat Pohjois-Koreaa, vettä sekä tulta?

Lähetysurani alussa Pyhä Henki teki työtä kirkossani niin voimallisesti, että sokeat saivat näkönsä takaisin, mykät alkovat puhua, polioon sairastuneet ihmiset kävelivät ja pahoja henkiä ajettiin ulos. Uutinen tästä levisi ympäri koko maata, ja useat sairaat ihmiset saapuivat luokseni. Tuohon aikaan minä rukoilin henkilökohtaisesti riivattujen puolesta, ja hengellisinä olentoina demonit tiesivät jo etukäteen että ne tultaisiin ulosajetuiksi. Silloin tällöin jotkut demonit anoivat: "Älä aja meitä veteen, tuleen tai Pohjois-Koreaan!"

Minä en tietenkään voinut suostua niiden pyyntöihin. Tämän jälkeen minä rukoilin: "Jumala, miksi demonit inhoavat Pohjois-Koreaa?" Jumala paljasti minulle että demonit vihaavat Pohjois-

213

Koreaa sen tähden, että eristyksissä olevassa maassa asuvat ihmiset eivät pysty palvomaan epäjumalia, ja siten he eivät ota vastaan demoneita.

Miksi demonit sitten vihaavat vettä ja tulta? Myös Raamattuun on kirjattu, että demonit vihaavat vettä ja tulta. Rukoillessani paljastusta tätä koskien, Jumala kertoi minulle että vesi symboloi hengellisesti elämää, ja erityisesti Jumalan sanaa joka on itse valo. Lisäksi tuli symboloi hengellisesti Pyhän Hengen tulta. Tämän mukaisesti itse pahuutta edustavat demonit menettävät valtansa ja voimansa jos ne ajetaan tuleen tai veteen.

Markuksen 5. kirjassa on kohtaus jossa Jeesus käskee "Legio"-nimistä demonia tulemaan ulos miehestä, ja pahat henget anoivat Häneltä, että Hän ajaisi ne sikoihin (Markus 5:12). Jeesus antoi niille luvan, ja pahat henget tulivat ulos miehestä ja menivät sikoihin. Noin kaksi tuhatta sikaa sisältävä sikalauma syöksyi jyrkältä jyrkänteeltä järveen johon ne hukkuivat. Jeesus teki näin estääkseen demoneita tekemästä enempää työtä Lusiferille, ja siksi Hän hukutti ne. Tämä ei kuitenkaan tarkoita sitä että demonit olisivat hukkuneet; ne vain menettivät voimansa. Tämän tähden Jeesus sanoi: *"Kun saastainen henki lähtee ihmisestä, kuljeksii se autioita paikkoja ja etsii lepoa, eikä löydä."*

Jumalan lasten tulisi tuntea hengellinen maailma läpikotaisin jotta he voivat esitellä Jumalan voimia. Demonit vapisevat peloissaan jos sinä ajat ne ulos ollen täysin tietoinen hengellisestä maailmasta. Ne eivät kuitenkaan vapise tai tule edes ulosajetuiksi jos sinä vain sanot: "Sinä demoni, mene ulos veteen! Mene tuleen!" ilman, että sinä omaat hengellistä ymmärrystä.

Lusifer kamppailee perustaakseen kuningaskuntansa

Jumala on ylitsevuotavan rakkauden Jumala, mutta Hän on myös oikeudenmukaisuuden Jumala. Olivat tämän maailman kuninkaat sitten kuinka anteeksiantavaia ja armollisia tahansa, he eivät voi olla armollisia ja anteeksiantavia kaiken aikaa. Jos maassa on varkaita tai murhaajia, kuninkaan tulee vangita ja rankaista heitä maan lakien mukaisesti kansansa rauhan ja turvallisuuden tähden. Vaikka vakavien rikosten tekijä olisi hänen rakas poikansa tai kansansa, tulee kuninkaan rankaista heitä lakien mukaan esimerkiksi maanpetosrikoksissa.

Jumalan rakkaus on hengellisen maailman tarkan järjestyksen mukaista. Jumala rakasti Lusiferia suuresti ennen tämän petosta, ja jopa tämän petoksen jälkeenkin Jumala antoi Lusiferille täydellisen vallan pimeyden suhteen. Ainut palkinto minkä Lusifer tulee kuitenkin saamaan on Syvyyteen kahlitseminen. Lusifer tietää tämän, ja sen tähden se kamppailee voidakseen perustaa kuningaskuntansa ja pitääkseen sen pystyssä. Tästä syystä Lusifer tappoi useita Jumalan profeettoja kaksi tuhatta vuotta sitten ja sitäkin aikaisemmin. Kaksi tuhatta vuotta sitten Lusifer sai tietää Jeesuksen syntymästä, ja estääkseen Jumalan kuningaskunnan tulemisen ja pitääkseen ikuisesti pimeyden valtakuntansa Lusifer yritti tappaa Jeesuksen kuningas Herodeksen kautta. Saatanan houkuttelemana Herodes antoi käskyn tappaa kaikki maassa olevat alle kaksivuotiaat poikalapset (Matteus 2:13-18).

Tämän lisäksi Lusifer on viimeisen kahden vuosituhannen aikana yrittänyt aina tuhota ja tappaa kaikki Jumalan ihmeitä esitelleet ihmiset. Silti Lusifer ei voi koskaan menestyä Jumalaa vastaan tai voittaa Hänen viisauttaan, ja Lusiferin kohtalo löytyy vain ja ainoastaan Syvyydestä.

Rakkauden Jumala odottaa ja antaa mahdollisuuksia katumiseen

Kaikki maailman ihmiset tulevat tulemaan tuomituiksi tekojensa mukaisesti. Epävanhurskaita odottavat kiroukset ja rangaistukset, kun taas hyviä odottavat siunaukset ja kunnia. Jumala, joka on itse rakkaus, ei kuitenkaan heitä ihmisiä helvettiin heti sen jälkeen kun nämä ovat tehneet syntiä. Hän odottaa kärsivällisesti että ihmiset katuisivat, kuten 2. Piet. 3:8-9 sanoo: *"Mutta tämä yksi älköön olko teiltä, rakkaani, salassa, että 'yksi päivä on Herran edessä niinkuin tuhat vuotta ja tuhat vuotta niinkuin yksi päivä'. Ei Herra viivytä lupauksensa täyttämistä, niinkuin muutamat pitävät sitä viivyttelemisenä, vaan hän on pitkämielinen teitä kohtaan, sillä hän ei tahdo, että kukaan hukkuu, vaan että kaikki tulevat parannukseen."* Tämä on rakkauden Jumala, joka tahtoo että kaikki ihmiset tulisivat pelastumaan.

Tämän helvetistä kertovan sanoman kautta sinun tulisi muistaa että Jumala oli kärsivällinen myös kaikkien niiden sielujen suhteen jotka ovat tällä hetkellä Alemmassa haudassa rangaistavina ja että Hän odotti myös heitä. Tämä Jumala suree näiden sielujen puolesta jotka luotiin Hänen kuvakseen ja Hänen näköisekseen mutta jotka nyt kärsivät ja jotka tulevat kärsimään myös hamaan tulevaisuuteen.

Jos ihmiset eivät hyväksy evankeliumia tai jos he väittävät uskovansa mutta silti jatkavat syntien tekemistä, he tulevat menettämään kaikki mahdollisuutensa pelastukseen ja he lankeavat helvettiin Jumalan kärsivällisyydestä ja rakkaudesta huolimatta.

Tämän tähden meidän uskovien tulee aina levittää evankeliumia, oli meillä siihen sitten mahdollisuus tai ei. Olettakaamme, että sinun talossasi oli suuri tulipalo sinun ollesasi ulkona. Takaisin tultuasi talo oli kokonaan liekkien vallassa ja sinun lapsesi olivat sisällä nukkumassa. Etkö sinä tekisikin kaikkesi pelastaaksesi heidät? Jumalan sydän suree kun Hän näkee kuinka Hänen kuvakseen luodut ihmiset tekevät syntejä ja lankeavat helvetin ikuisiin liekkeihin. Voitko sinä kuitenkin edes kuvitella kuinka iloinen Jumala sitten onkaan nähdessään kuinka ihmiset johdattavat toisia ihmisiä pelastukseen?

Sinun tulee ymmärtää Jumalan sydäntä joka rakastaa kaikki ihmisiä ja suree niiden puolesta jotka ovat matkalla helvettiin, samoin kuin sinun tulee ymmärtää Jeesuksen Kristuksen sydäntä joka ei tahdo menettää yhtä ainoaa henkilöä. Sinä olet lukenut helvetin kurjuudesta ja sen kärsimyksistä, ja sinä saatat ymmärtää miksi Jumala on niin mieltynyt ihmisten pelastukseen. Minä toivon että sinä ymmärtäisit ja tuntisit Jumalan sydäntä niin että sinä levität ilosanomaa ja johdatat ihmisiä taivaaseen.

Luku 9

Miksi Rakkauden Jumalan Täytyy Valmistaa Helvetti?

Noin kaksi tuhatta vuotta sitten Jeesus kulki Israelin kaupunkien ja kylien läpi, julistaen ilosanomaa ja parantaen kaikenlaisia sairauksia. Ihmisiä kohdatessaan Jeesus tunsi näitä kohtaan myötätuntoa, sillä he olivat vainottuja ja avuttomia, kuin lampaita ilman paimenia (Matteus 9:36). Jeesus näki lukemattomia pelastusta tarvitsevia ihmisiä, mutta kukaan ei huolehtinut heistä. Vaikka Jeesus kulki tunnollisesti kylästä kylään ja vieraili ihmisten luona, Hän ei silti voinut huolehtia heistä kaikista yksitellen.

Jeesus sanoi opetuslapsilleen Matteuksen jakeissa 9:37-38: *"Eloa on paljon, mutta työmiehiä vähän. Rukoilkaa siis elon Herraa, että hän lähettäisi työmiehiä elonkorjuuseensa."* Tarvetta oli paljon työmiehille jotka opettaisivat lukemattomia ihmisiä totuudesta palavalla rakkaudella ja jotka ajaisivat pimeyden pois Jeesuksen puolesta.

Nykyään monet ihmiset ovat synnin orjuuttamia ja he kärsivät sairauksista, köyhyydestä sekä surusta ja he ovat matkalla helvettiin – vain koska he eivät tunne totuutta. Meidän tulee ymmärtää työntekijöitä sadonkorjuuseen etsivää Jeesuksen

219

sydäntä niin että me emme tule vain pelastetuiksi vaan voimme lisäksi tunnustaa Hänelle "Tässä minä olen! Lähetä minut, Herra!"

Jumalan kärsivällisyys ja rakkaus

Oli olemassa poika joka rakasti ja ihaili vanhempiaan. Eräänä päivänä tämä poika pyysi vanhemmiltaan että he antaisivat hänelle hänen osuutensa heidän perikunnastaan. He noudattivat poikansa pyyntöä vaikka he eivät täysin ymmärtäneetkään sitä, sillä vanhemmat olisivat joka tapauksessa jättäneet kaiken pojalleen. Tämän jälkeen poika lähti ulkomaille perintöosuus mukanaan. Pojalla oli alussa kaikenlaisia toivoja sekä kunnianhimoa, mutta hän antoi kuitenkin yhä enevemässä määrin periksi maailman iloille ja haluille ja lopulta hän onnistui haaskaamaan koko omaisuutensa. Lisäksi maata kohtasi vakava lama ja poika köyhtyi yhä enemmän. Eräänä päivänä joku toimitti pojan vanhemmille uutisia tämän tilasta, kertoen heille että heidän pojastaan oli tullut kerjäläinen irstaan elämänsä tähden ja että hän oli muiden ihmisten halveksuma.

Mitä nämä vanhemmat ovatkaan tunteneet tämän kuultuaan? He ovat saattaneet olla aluksi vihaisia, mutta pian he olisivat alkaneet murehtia, ajatellen: "Me annamme sinulle anteeksi, poika. Tule pian takaisin kotiin!"

Jumala ottaa vastaan lapset jotka palaavat takaisin katuen

Näiden vanhempien sydän on kirjattu Luukaksen 15. lukuun. Isä, jonka poika oli matkustanut kaukaiseen maahan, odotti joka päivä portilla poikansa paluuta. Isä odotti poikansa paluuta niin epätoivoisesti, että kun poika sitten palasi, isä tunnisti hänet jo pitkän matkan päästä ja hän juoksi tämän luokse sulkien pojan riemuissaan syleilyynsä. Isä puki poikansa parhaisiin vaatteisiin ja jalkineisiin, teurasti syöttövasikan ja järjesti pidot poikansa kunniaksi.

Tämä on Jumalan sydän. Hän ei vain anna anteeksi kaikille vilpittömästi katuville heidän syntiensä vakavuudesta huolimatta, vaan Hän myös lohduttaa heitä ja antaa heille voimia elää paremmin. Kun yksi ihminen pelastuu uskon kautta, Jumala iloitsee ja juhlii tapausta taivaallisten isäntien ja enkelien kanssa. Meidän armollinen Jumalamme on itse rakkaus. Omaten poikansa paluuta odottavan isän sydämen, Jumala odottaa malttamattomasti että ihmiset kääntyisivät pois synnistä ja ottaisivat vastaan pelastuksen.

Rakkauden ja anteeksiannon Jumala

Joosuan 3. luvun kautta sinä voit saada aavistuksen siitä ylitsevuotavaisesta armosta ja myötätunnosta joka kuuluu Jumalalle, joka on aina valmis antamaan anteeksi ja rakastamaan jopa syntisiä.

Eräänä päivänä Jumala käski Joosuaa ottamaan petollisen

221

naisen vaimokseen. Joosua totteli ja otti Gomerin vaimokseen. Gomer ei kuitenkaan pystynyt hallitsemaan sydäntään ja muutamaa vuotta myöhemmin hän rakasti toista miestä. Lisäksi hänelle maksettiin prostituoidun tapaan, ja hän meni yhä toisen miehen luokse. Jumala sanoi Joosualle: *"Sitten sanoi Herra minulle: 'Mene vielä ja rakasta naista, jota hänen puolisonsa rakastaa, mutta joka rikkoo avion, niinkuin Herra rakastaa israelilaisia, mutta nämä kääntyvät muiden jumalien puoleen ja rakastavat rypälekakkuja'"* (Joosua 3:1). Jumala käski Joosua rakastamaan vaimoaan joka oli pettänyt hänet ja jättänyt heidän kotinsa toisen miehen takia. Joosua toi Gomerin takaisin maksettuaan ensin viisitoista sekeliä hopeaa sekä puolitoista hoomer-mittaa ohria (Joosua 3:2). Kuinka moni ihminen kykenee tähän? Tuotuaan Gomerin takaisin Joosua sanoi hänelle: *"Ole kauan aikaa minua varten; älä harjoita haureutta äläkä mene muille miehille. Minä myös teen samoin sinua kohtaan"* (Joosua 3:3). Joosua ei tuominnut tai vihannut Gomeria, vaan antoi tälle anteeksi rakkaudessaan ja pyysi, ettei tämä koskaan enää jättäisi häntä uudelleen.

Joosuan käytös näyttää naurettavalta tämän maailman ihmisten silmissä. Hänen sydämensä kuitenkin symboloi Jumalan sydäntä. Jumala rakasti meitä vaikka me olimme jättäneet Hänet, ja Hän jopa pelasti meidät, aivan kuten hauraan naisen nainut Joosua.

Aatamin niskoittelun jälkeen kaikki ihmiset saastuivat synnistä. Kuten Gomer, he eivät olleet Jumalan rakkauden arvoisia. Jumala kuitenkin rakasti heitä ja antoi heille Hänen ainoan Poikansa Jeesuksen ristiinnaulittavaksi. Tämä Jeesus tuli ruoskituksi ja Hän kantoi päässään orjantappurakruunua, ja Hänen kätensä ja jalkansa naulittiin jotta Hän voisi pelastaa meidät. Jopa silloin kun hän riippui ristillä kuolemaa tehden Hän rukoili: "Isä, anna heille anteeksi." Jopa tälläkin hetkellä Jeesus puhuu kaikkien syntisten puolesta Isä Jumalan valtaistuimen edessä taivaassa.

Silti monet ihmiset eivät eivät ole tietoisia Jumalan rakkaudesta ja armosta. Sen sijaan he rakastavat maailmaa ja jatkavat synnissä elämistä, seuraten lihallisia himojaan. Jotkut elävät pimeydessä koska he eivät tiedä totuutta. Toiset ovat tietoisia totuudesta, mutta ajan kuluessa heidän sydämensä muuttuvat ja he alkavat taas tehdä syntiä. Pelastetuksi tultuaan ihmisten täytyy pyhittää itsensä joka päivä. Heidän sydämensä kuitenkin tulevat saastuneeksi ja korruptoituneeksi, toisin kuin silloin kun he ottivat Pyhän Hengen vastaan ensimmäisen kerran. Tämän tähden nämä ihmiset tekevät sellaisiakin pahoja tekoja joista he ovat jo hankkiutuneet aikaisemmin eroon.

Jumala tahtoo antaa anteeksi ja rakastaa jopa sellaisia ihmisiä jotka ovat tehneet syntiä ja rakastaneet maailmaa. Joosua toi takaisin petollisen vaimonsa joka rakasti toista miestä, ja samalla tavalla Jumala odottaa syntiä tehneiden lastensa paluuta ja katumusta.

Joten tämän tähden meidän tulee ymmärtää meille helvetin sanoman paljastaneen Jumalan sydäntä. Jumala ei tahdo pelästyttää meitä; Hän tahtoo meidän oppivan helvetin kurjuudesta, katuvan perinpohjaisesti ja ottavan pelastuksen vastaan. Tämä sanoma helvetistä on Hänen tapansa ilmaista

Hänen palava rakkautensa meitä kohtaan. Meidän täytyy ymmärtää miksi Jumalan täytyi valmistaa helvetti jotta me voisimme ymmärtää Hänen sydäntään paremmin ja syvemmin, ja jotta me voisimme levittää ilosanomaa yhä useammille ihmisille pelastaaksemme heidät helvetin ikuisilta rangaistuksilta.

Miksi rakkauden Jumalan täytyy valmistaa helvetti?

Genesis 2:7 kuuluu seuraavanlaisesti: *"Silloin Herra Jumala teki maan tomusta ihmisen ja puhalsi hänen sieramiinsa elämän hengen, ja niin ihmisestä tuli elävä sielu."*

Vuonna 1983 kirkkoni ovien aukeamisesta oli kulunut yksi vuosi, ja Jumala näytti minulle näyn Aatamin luomisesta. Jumala muovasi Aatamia savesta iloisesti ja onnellisena rakkaudella ja huolella. Oli kuin lapsi olisi leikkinyt lempilelullaan. Muovattuaan Aatamin suurella huolella, Jumala puhalsi hänen sieraimiinsa elämän hengen. Koska me saimme elämän hengen itse Jumalalta, joka on Henki, meidän sielumme ja henkemme ovat kuolemattomia. Tomusta tehty liha tulee kuolemaan ja palaamaan kouralliseksi tomua, mutta meidän henkemme ja sielumme kestävät ikuisesti.

Tästä syystä Jumalan täytyi valmistaa paikkoja joissa nämä kuolemattomat sielut voivat asua, taivaan ja helvetin. Lukuihin 2. Piet. 2:9-10 on kirjattu kuinka Jumalaa pelkävät ihmiset pelastuvat ja astuvat taivaaseen, mutta epävanhurskaita ihmisiä rangaistaan helvetissä.

Näin Herra tietää pelastaa jumaliset kiusauksesta, mutta tuomion päivään säilyttää rangaistuksen alaisina väärät, ja varsinkin ne, jotka lihan jäljessä kulkevat saastaisissa himoissa ja ylenkatsovat herrauden. Nuo uhkarohkeat, itserakkaat eivät kammo herjata henkivaltoja.

Jumalan lapset tulevat elämään Hänen ikuisen valtansa alla taivaassa. Joten taivas on aina täynnä onnellisuutta ja iloa. Helvetti taas on paikka niitä varten jotka eivät ottaneet vastaan Jumalan rakkautta vaan sen sijaan pettivät Hänet ja tulivat synnin orjiksi. Taivaassa heitä rangaistaan julmasti. Miksi Jumalan täytyi sitten valmistaa helvetti?

Jumala erottaa jyvät akanoista

Maanviljelijä kylvää ja kasvattaa siemeniä, ja samalla tavalla Jumala kasvattaa ihmisiä tässä maailmassa saadakseen uskollisia lapsia. Sadonkorjuun ajan koittaessa Hän tulee erottamaan jyvät akanoista, lähettäen jyvät taivaaseen ja akanat helvettiin.

Hänellä on viskimensä kädessään, ja hän puhdistaa puimatanterensa ja kokoaa nisunsa aittaan, mutta ruumenet hän polttaa sammumattomassa tulessa (Matteus 3:12).

Tässä "nisut" symboloivat kaikkia niitä, jotka ottavat vastaan

225

Jeesuksen Kristuksen, yrittävät tulla Jumalan kuviksi ja elää Hänen sanansa mukaisesti. "Ruumenilla" viitataan tässä niihin, jotka eivät ole ottaneet Jeesusta Kristusta vastaan Pelastajakseen vaan rakastavat maailmaa ja seuraavat pahaa.

Maanviljelijä kokoaa viljansa aittaan ja polttaa akanat tai käyttää niitä satonsa lannoittamiseen, ja samalla tavalla Jumala tuo jyvät taivaaseen ja heittää akanat helvettiin.

Jumala tahtoo taata, että me tiedämme helvetin ja Alemman haudan olemassaolosta. Maanpinnan alapuolella oleva laava ja tuli toimivat muistutuksena helvetin ikuisista rangaistuksista. Jos tässä maailmassa ei olisi tulta tai tulikiveä, niin kuinka me voisimme ymmärtää näitä Alemman haudan ja helvetin kauhistuttavia näkyjä? Jumala loi nämä asiat, sillä ne ovat välttämättömiä ihmisten kasvatukselle.

Syy miksi "akanat" heitetään helvetin tuleen

Jotkut saattavat kysyä: "Miksi rakkauden Jumala loi helvetin? Miksi Hän ei voi päästää myös akanoita taivaaseen?"

Taivaan kauneus on mielikuvitusta tai kaikenlaisia kuvauksia kauniimpi. Jumala, taivaan isäntä, on tahraton ja täydellisen pyhä, ja siten vain Hänen tahtonsa tekevät saavat astua taivaaseen (Matteus 7:21). Jos pahat ihmiset pääsisivät taivaaseen rakkautta ja hyvyyttä täynnä olevien ihmisten kanssa, elämä taivaassa olisi erittäin vaikeaa ja kiusallista, ja kaunis taivas saastuisi. Tämän tähden Jumalan täytyi luoda helvetti erottaakseen taivaan jyvät helvetin akanoista.

Ilman helvettiä vanhurskaat ja pahat olisivat pakotettuja

elämään yhdessä. Jos näin olisi käynyt, taivaasta olisi tullut pimeyden taivas, täynnä valitusta ja tuskanhuutoja. Jumalan suunnitteleman ihmisten kasvatuksen tarkoitus ei ole tämänkaltaisen paikan luominen. Taivas on paikka ilman kyyneleitä, surua, piinaa tai sairauksia, missä Hän voi jakaa ylitsevuotavan rakkautensa Hänen lastensa kanssa aina ja ikuisesti. Joten helvetti on välttämätön pahojen ja ansaitsemattomien ihmisten –akanoiden – ikuiseen säilyttämiseen.

Roomalaiskirje 6:16 sanoo: *"Ettekö tiedä, että kenen palvelijoiksi, ketä tottelemaan, te antaudutte, sen palvelijoita te olette, jota te tottelette, joko synnin palvelijoita, kuolemaksi, tahi kuuliaisuuden, vanhurskaudeksi?"* Kaikki ihmiset jotka eivät elä Jumalan sanan mukaan ovat synnin ja Saatana-vihollisen ja paholaisen orjia vaikka he eivät itse siitä olisikaan tietoisia. Tässä maailmassa he ovat Saatana-vihollisen ja paholaisen vallassa; kuoleman jälkeen heidät heitetään helvetin pahojen henkien käsiin, ja heitä rangaistaan eri tavoin.

Jumala palkitsee kaikki sen mukaan mitä he ovat tehneet

Meidän Jumalamme ei ole ainoastaan rakkauden, armon ja lempeyden Jumala. Hän on myös oikeudenmukainen ja tasapuolinen Jumala, joka palkitsee kaikki heidän tekojensa mukaan. Galatalaiskirje 6:7-8 sanoo:

Älkää eksykö, Jumala ei salli itseänsä pilkata; sillä mitä

227

ihminen kylvää, sitä hän myös niittää. Joka lihaansa kylvää, se lihasta turmeluksen niittää; mutta joka Henkeen kylvää, se Hengestä iankaikkisen elämän niittää.

Kun sinä kylvät rukouksia ja ylistystä, sinulle annetaan voima elää Jumalan sanan mukaan taivaasta tulevan voiman avulla ja sinun henkesi ja sielusi tulevat hyviksi. Kun sinä kylvät uskollisilla teoilla, kaikki sinun osasi – henki, sielu ja keho – vahvistuvat. Kun sinä kylvät rahaa kymmenysten tai kiitosuhrien kautta, sinua siunataan taloudellisesti yhä runsaammin niin että sinä voit kylvää yhä enemmän Jumalan kuningaskunnan vanhurskauden edestä. Jos sinä taas kylvät pahuutta, sinulle maksetaan takaisin tarkalleen sinun pahuutesi määrän ja suuruuden mukaisesti. Sinä tulet kohtaamaan koettelemuksia jos sinä kylvät syntiä ja laittomuuksia vaikka sinä olisitkin uskossa. Joten minä toivon, että sinä olisit tästä tietoinen ja että sinä opettelisit tämän Pyhän Hengen avulla niin että sinä saisit ottaa vastaan ikuisen elämän.

Joh. 5:28-29:ssa Jeesus sanoi: *"Älkää ihmetelkö tätä, sillä hetki tulee, jolloin kaikki, jotka haudoissa ovat, kuulevat hänen äänensä ja tulevat esiin, ne, jotka ovat hyvää tehneet, elämän ylösnousemukseen, mutta ne, jotka ovat pahaa tehneet, tuomion ylösnousemukseen."* Matteuksen jakeessa 16:27 Jeesus lupasi: *"Sillä Ihmisen Poika on tuleva Isänsä kirkkaudessa enkeliensä kanssa, ja silloin hän maksaa kullekin hänen tekojensa mukaan."*

Jumala palkitsee palkkioilla ja rankaisee asianmukaisilla rangaistuksilla kaikkia heidän tekojensa mukaisesti ja Hän tekee tämän erehtymättömällä tarkkuudella Tuomion kautta. Se, meneekö henkilö taivaaseen vai helvettiin ei riipu Jumalasta, vaan yksilöstä jolle on annettu vapaa tahto, ja jokainen korjaa mitä hän on kylvänyt.

Jumala tahtoo kaikkien pelastuvan

Jumalalle Hänen kuvakseen luotu ihminen on tärkeämpi kuin koko maailmankaikkeus. Joten Jumala tahtoo kaikkien uskovan Jeesukseen Kristukseen ja tulevan pelastetuksi.

Jumala iloitsee yhä enemmän syntisen katuessa

Kuin paimen joka kulkee karuja maita etsien eksynyttä lammasta siitä huolimatta että hänellä on 99 lammasta turvassa (Luukas 15:4-7), Jumala iloitsee enemmän siitä että yksi syntinen katuu kuin siitä että 99 ihmisen ei tarvitse katua.

Psalmi 103:12-3 kuuluu: *"Niin kaukana kuin itä on lännestä, niin kauas hän siirtää meistä rikkomuksemme. Niinkuin isä armahtaa lapsiansa, niin Herrakin armahtaa pelkääväisiänsä."* Jumala lupasi Jesajan jakeessa 1:18 seuraavasti: *"Niin tulkaa, käykäämme oikeutta keskenämme, sanoo Herra. Vaikka teidän syntinne ovat veriruskeat, tulevat ne lumivalkeiksi; vaikka ne ovat purppuranpunaiset, tulevat ne villanvalkoisiksi"*

Jumala on itse valo, eikä Hänessä ole lainkaan pimeyttä. Hän on myös itse hyvyys joka inhoaa syntiä, mutta kun syntinen tulee Hänen luoksensa ja katuu, Jumala ei edes muista tämän syntejä. Sen sijaan Jumala syleilee ja siunaa syntistä Hänen rajattomassa armossaan ja lämpimässä rakkaudessaan.

Jos sinä ymmärrät edes osan Jumalan uskomattomasta rakkaudesta, sinun tulisi kohdella jokaista yksilöä vilpittömällä rakkaudella. Sinun tulisi tuntea myötätuntoa niitä kohtaan jotka ovat matkalla kohti helvetin tulta, rukoilla tauotta heidän puolestaan, jakaa heidän kanssaan ilosanomaa sekä vierailla niiden luona joiden usko on heikko, vahvistaen heidän uskoaan niin että he voivat seistä vakaasti.

Jos sinä et kadu

1. Timoteus 2:4 sanoo: *"joka tahtoo, että kaikki ihmiset pelastuisivat ja tulisivat tuntemaan totuuden."* Jumala tahtoo epätoivoisesti kaikkien ihmisten tuntevan Hänet, tulevan pelastetuksi ja tulevan Hänen luokseen. Jumala on levoton jokaisen pelastuksen suhteen, odottaen että pimeydessä ja synnissä olevat ihmiset kääntyisivät Hänen puoleensa.

Jumala on antanut ihmisille lukemattomia tilaisuuksia katua, uhraten jopa oman poikansa ristillä. Jos ihmiset eivät kuitenkaan kadu ja he kuolevat, heitä odottaa vain yksi kohtalo. Hengellisen maailman lakien mukaan he korjaavat mitä he ovat kylväneet, ja heille maksetaan sen mukaan mitä he ovat tehneet, ja heidät heitetään helvettiin.

Minä toivon, että sinä käsittäisit tämän Jumalan ihmeellisen rakkauden ja oikeudenmukaisuuden niin, että sinä voisit ottaa vastaan Jeesuksen Kristuksen ja saada syntisi anteeksi. Sinun tulee myös elää ja käyttäytyä Jumalan tahdon mukaisesti niin että sinä voisit loistaa taivaassa auringon tavoin.

Levitä evankeliumia rohkeasti

Ihmiset jotka tietävät ja uskovat että taivas ja helvetti ovat todellakin olemassa eivät voi olla evankelioimatta, sillä he tuntevat Jumalan sydämen joka tahtoo kaikkien ihmisten pelaastuvan.

Ilman ihmisiä jotka levittävät ilosanomaa

Roomalaiskirje 10:14-15 kertoo meille että Jumala ylistää niitä jotka levittävät ilosanomaa:

Mutta kuinka he huutavat avuksensa sitä, johon eivät usko? Ja kuinka he voivat uskoa siihen, josta eivät ole kuulleet? Ja kuinka he voivat kuulla, ellei ole julistajaa? Ja kuinka kukaan voi julistaa, ellei ketään lähetetä? Niinkuin kirjoitettu on: "Kuinka suloiset ovat niiden jalat, jotka hyvää sanomaa julistavat!"

2. Kun. 5 kertoo tarinan Naimanista, kuningas Aramin armeijan komentajasta. Naimanin kuningas piti tätä ylväänä ja jalona miehenä, sillä hän oli pelastanut maansa useita kertoja. Hän oli kuuluisa ja rikas eikä häneltä puuttunut yhtään mitään. Naimanilla oli kuitenkin spitaali. Tuohon aikaan spitaali oli parantumaton sairaus ja sitä pidettiin taivaasta tulleena kirouksena, ja siten Naimanin urheus ja rikkaudet olivat hänelle täysin hyödyttömiä. Edes hänen oma kuninkaansa ei voinut auttaa Naimania.

231

Voitko sinä edes kuvitella miltä Naimanista tuntui kun hän joutui katsomaan kuinka hänen ennen niin terve kehonsa mätäni ja kuoli päivä päivältä? Jopa hänen perheenjäsenensä pysyivät Naimanista loitolla, sillä he pelkäsivät että sairaus tarttuisi heihin. Kuinka voimattomalta ja avuttomalta Naimanin onkaan täytynyt tuntea? Jumalalla oli kuitenkin suunnitelma Naimanin, ei-juutalaisen komentajan, varalle. Naimanin vaimolla oli Israelissa vangittu palvelijatar.

Naiman parantui kuunneltuaan palvelijatarta

Vaikka Naimanin palvelijatar oli nuori tyttö, hän silti tiesi kuinka ratkaista Naimanin ongelma. Tyttö uskoi, että Samariassa oleva profeetta Elisa pystyisi parantamaan hänen isäntänsä sairauden. Hän kertoi rohkeasti isännälleen uutisen Elisan kautta näyttäytyvästä Jumalan voimasta. Hän ei pysynyt vaiti asiasta johon hän uskoi kovasti. Tästä kuultuaan Naiman valmisti uhrin vilpittömin mielin ja meni tapaamaan profeettaa.

Mitä sinä luulet tapahtuneen Naimanille? Hän parantui Elisassa asustavan Jumalan voiman avulla. Hän jopa tunnusti: *"Katso, nyt minä tiedän, ettei Jumalaa ole missään muualla maan päällä kuin Israelissa"* (jae 15). Naiman ei vain parantunut sairaudestaan, vaan myös hänen hengelliset ongelmansa selvisivät.

Jeesus puhuu tästä tarinasta Luukaksen evankeliumissa 4:27: *"Ja monta pitalista miestä oli Israelissa profeetta Elisan aikana, eikä kukaan heistä tullut puhdistetuksi, vaan ainoastaan*

Naiman, syyrialainen." Miksi ainoastaan ei-juutalainen Naiman parantui vaikka Israelissa oli lukemattomia muita spitaalisia? Tämä johtui siitä, että Naimanin sydän oli aidosti tarpeeksi hyvä ja nöyrä kuunnellakseen muiden ihmisten neuvoja. Jumala valmisti Naimanille pelastuksen siitä huolimatta että tämä ei ollut juutalainen, sillä hän oli hyvä mies ja aina kuninkaalleen uskollinen, ja koska hän oli palvelija joka rakasti kansaansa niin paljon että hän pystyi ja oli halukas vaarantamaan henkensä heidän puolestaan.

Jos palvelijatar ei olisi paljastanut sanomaa Elisan voimasta Naimanille, hän olisi kuollut tulematta parannetuksi ja kokematta pelastusta. Jalon ja ylvään soturin elämä oli nuoren tytön huulien varassa.

Julista evankeliumia rohkeasti

Ympärilläsi on useita ihmisiä jotka odottavat Naimanin tavoin että sinä avaisit suusi. Jopa tässä elämässä he kokevat useita vaikeuksia ja etenevät joka päivä kohti helvettiä. Mikä sääli se olisikaan jos heitä piinattaisiin ikuisesti niin vaikean elämän jälkeen? Tämän tähden Jumalan lasten täytyy rohkeasti julistaa evankeliumia näille ihmisille.

Jumala ilostuu suunnattomasti kun kuolemaan matkalla olleet ihmiset saavat osakseen elämän Herran voiman kautta, ja kun ihmiset vapautuvat kärsimyksistään. Hän antaa heille myös vaurautta ja terveyttä, sanoen: "Sinä olet minun lapseni joka virkistää henkeäni." Jumala myös auttaa heitä omaamaan tarpeeksi suuren uskon astuakseen Uuden Jerusalemin kaupunkiin, missä Jumalan valtaistuin sijaitsee. Ja eivätkö myös ne ihmiset, jotka saivat kuulla ilosanomasta ja ottaa Jeesuksen Kristuksen vastaan, olisi kiitollisia siitä mitä sinä olet heidän puolestaan tehnyt?

Jos ihmiset eivät tässä elämässä omaa tarpeeksi uskoa tullakseen pelastetuksi, he eivät tule koskaan saamaan "toista tilaisuutta" helvettiin jouduttuaan. Ikuisen kärsimyksen ja piinan keskellä he voivat ainoastaan katua ja valittaa ikuisesti.

Jotta sinä voisit kuulla ilosanomaa ja hyväksyä Herran, lukemattomien uhrautuvien uskon esi-isien on täytynyt tehdä mittaamattomia uhrauksia. Nämä uskon esi-isät ovat kuolleet miekan kautta, joutuneet julmien petojen saaliiksi ja ottaneet marttyyriuden vastaan ilosanoman julistamiseksi.

Mitä sinun tulisi sitten tehdä nyt kun sinä olet pelastunut helvetistä? Sinun täytyy tehdä parhaasi johdattaaksesi mahdollisimman useita sieluja helvetistä Herran käsivarsille. 1. Korinttolaiskirjeessä 9:16 apostoli Paavali tunnusti tehtäänsä palavin silmin: *"Sillä siitä, että julistan evankeliumia, ei minulla ole kerskaamista; minun täytyy se tehdä. Voi minua, ellen evankeliumia julista!"*

Minä toivon, että sinä menisit maailmaan sydän Herralle palaen ja pelastaisit monia sieluja helvetin ikuisista kärsimyksistä. Sinä olet kuullut tämän kirjan kautta kauhistuttavasta ja kurjasta, ikuisesta helvetistä. Minä rukoilen, että sinä tuntisit sille Jumalalle kuuluvan rakkauden, joka ei tahdo yhdenkään henkilön hukkuvan, ja että sinä pysyit valppaana omassa kristityssä elämässäsi ja että sinä toimittaisit sanomaa ilosanomasta kaikille joiden tarvitsee kuulla sitä.

Jumalan silmissä sinä olet kallisarvoisempi kuin koko maailma ja arvokkaampi kuin kaikki mikään tässä maailmankaikkeudessa oleva, sillä sinut on luotu Hänen kuvakseen. Sinä et saa tulla synnin orjaksi joka vastustaa Jumalaa ja päätyy helvettiin, vaan sinun on tultava Jumalan uskolliseksi lapseksi joka kulkee valossa, eläen ja käyttäytyen totuuden mukaisesti.

Jumala seuraa sinua tänäkin päivänä ja Hän on sinusta yhtä iloinen kuin silloin kun Hän loi Aatamin. Hän tahtoo sinun saavuttavan uskollisen sydämen, kypsyvän uskossa nopeasti, ja saavuttavan täyden määrän uskoa Kristuksessa.

Minä rukoilen Herran nimessä, että sinä ottaisit Jeesuksen Kristuksen pikaisesti vastaan elämääsi ja että sinä saisit siunauksia ja valtaa Jumalan arvokkaana lapsena niin, että sinä saisit olla maan suola ja valo ja johdattaa lukemattomia ihmisiä pelastukseen!

Kirjailija
Pastori Dr. Jaerock Lee

Dr. Jaerock Lee syntyi Muan'issa Jeonnam provinssissa, Korean Tasavallassa vuonna 1943. Kaksikymmenvuotiskautenaan Dr. Lee kärsi useista parantumattomista sairauksista seitsemän vuotta ja odotti kuolemaa ilman toivoa paranemisesta. Kuitenkin, eräänä kevätpäivänä 1974, hänen sisarensa vei hänet kirkkoon. Hänen polvistuessaan rukoilemaan elävä Jumala välittömästi paransi hänet kaikista hänen sairauksistaan.

Siitä hetkestä alkaen, jolloin Dr. Lee kohtasi elävän Jumalan tuon ihmeellisen kokemuksen kautta, hän on rakastanut Jumalaa koko sydämellään ja rehellisyydellään ja kutsuttiin vuonna 1978 Jumalan palvelijaksi. Hän rukoili kiihkeästi oppiakseen ymmärtämään Jumalan tahtoa ja saavutti sen täysin, sekä noudatti Jumalan kaikkia sanoja. Vuonna 1982 hän perusti Manmin kirkon Seoul'iin ja lukemattomia Herran töitä, mukaanlukien ihmeparantumisia ja ihmeitä, on tapahtunut hänen kirkossaan.

Vuonna 1986 Dr. Lee vihittiin papiksi Jeesuksen Sungkyal kirkon vuosikokouksessa Koreassa ja neljä vuotta myöhemmin hänen saarnojansa alettiin lähettää Australiaan, USAhan, Venäjälle, Filippiineille, ja muualle Far East Broadcasting Company'n, Asia Broadcast Station'in ja Washington Christian Radio System'in kautta.

Kolme vuotta myöhemmin 1993 Manmin Central Church valittiin yhdeksi "Maailman 50 parhaaksi kirkoksi" Christian World lehden (Amerikka) toimesta ja hän vastaanotti jumaluusopin kunniatohtorin arvon Christian Faith College'sta, Florida'ssa, USA'ssa, ja vuonna 1996 tohtorinarvon pappeudessa Kingsway Theological Seminary'sta, Iowa'ssa, USA'ssa.

Vuodesta 1993 Dr. Lee on johtanut maailmanlähetystä monilla ulkomaan ristiretkillä, Tansaniassa, Argentiinassa, Ugandassa, Japanissa, Pakistanissa, Keniassa, Filippiineillä, Hondurasissa, Intiassa, Venäjällä, Saksassa, Perussa, Kongon Demokraattisesa Tasavallassa, ja New Yorkissa Amerikassa. Vuonna 2002 hänet nimitettiin "maailmanlaajuiseksi pastoriksi" Korean johtavien kristillisten lehtien toimesta hänen ulkomaisilla ristiretkillä tekemänsä työn johdosta.

Elokuu 2014 Manmin Central Church seurakunnassa oli yli 120.000 jäsentä ja 10.000 kotimaista ja ulkomaista sivukirkkoa ympäri maapalloa. Kirkko on tähän mennessä lähettänyt yli 123 lähettilästä 23 maahan, mukaanlukien Yhdysvallat, Venäjä, Saksa, Kanada, Japani, Kiina, Ranska, Intia, Kenia, ja monta muuta maata.

Tähän päivään mennessä Dr. Lee on kirjoittanut 93 kirjaa, mukaan lukien bestsellerit Ikuisen Elämän Maistaminen Ennen Kuolemaa, Minun Elämäni, Minun Uskoni I & II, Ristin Sanoma, Uskon Mitta, Henki Sielu ja Ruumis, Taivas I & II, Helvetti sekä Jumalan Voima. Hänen teoksiaan on käännetty yli 76 kielelle.

Dr. Lee on nykyisin perustaja ja presidentti lukuisissa lähetysorganisaatioissa ja yhdistyksissä. Hän on puheenjohtaja, The United Holiness Church of Jesus Christ; presidentti, Manmin World Mission; perustaja & johtokunnan puheenjohtaja, Global Christian Network (GCN); perustaja & johtokunnan puheenjohtaja, The World Christian Doctors Network (WCDN); ja perustaja & johtokunnan puheenjohtaja, Manmin International Seminary (MIS).

Minun Elämäni, Minun Uskoni I

Dr. Jaerock Leen omaelämäkerta, joka välittää lukijoilleen kauniin hengellisen aromin. Leen elämän on perustunut Jumalan rakkauteen hänen kerran koettua pimeyden tummat aaallot, sen kylmän ikeen ja syvimmän epätoivon.

Minun Elämäni, Minun Uskoni II

Lukemattomat ihmiset ovat maistaneet elämän sanaa ja ratkaisseet elämänsä ongelmia. Me näemme Jeesuksen elämän hänen uskossa ottamiensa askelten kautta, jotka hän otti katse ristiin suunnattuna.

Taivas I: Kristallinkirkas ja Kaunis

Yksityiskohtainen luonnos ihanasta elinympäristöstä, josta taivaalliset kansalaiset nauttivat Jumalan kunnian keskellä ja kuvaus koko taivaasta, joka muodostuu viidestä tasosta taivaallisia valtakuntia.

Taivas II: Täynnä Jumalan Kirkkautta

Kutsuu sinut uuden Jerusalemin pyhään kaupunkiin, jonka kaksitoista porttia ovat tehdyt kimaltelevista helmistä, ja joka on keskellä laajaa taivasta kimaltaen loistokkaasti kuin hyvin arvokkaat jalokivet.

Ristin Sanoma

Voimallinen herätysviesti kaikille niille jotka ovat hengellisesti nukuksissa. Tästä kirjasta sinä löydät Jumalan todellisen rakkauden ja syyn siihen että Jeesus on Pelastaja.

Uskon Mitta

Minkälainen asuinsija sinulle on valmistettu taivaaseen ja minkälaiset palkkiot odottavat sinua siellä? Tämä kirja antaa sinulle viisautta ja ohjeistusta jotta sinä voisit mitata uskosi määrän ja kasvattaa uskostasi syvemmän ja kypsemmän.